JN188793

相原君俊 著
AIHARA Kimitoshi

# 組織文化形成メカニズム

中小企業における実践コミュニティの貢献

中央経済社

# はしがき

　本書は，中小企業が組織存続のために，目まぐるしく変わる外部環境に適合し異文化とも融合しながら，いかにして新しい組織文化を形成していくことができるのか明らかにすることを目的としています。

　背景には，様々な要因により組織改革を余儀なくされている中小企業を取り巻く現状があります。中小企業はヒト・モノ・カネ・コトを大企業ほど潤沢に有していませんが，大企業からの下請け業務脱却が加速し，それに伴って新規販路開拓のための海外展開が増えています。したがって，新たな経営戦略や政策を掲げる中小企業は少なくありませんが，多くの場合は人員体制など形式的なことは意識しても，目に見えない組織文化にまでは手が回らないというのが実態ではないでしょうか。

　組織文化は一朝一夕に作られるものではなく，また，これまで築き上げてきた組織文化を雑に扱うようなことがあれば，組織の存続に影響を与えると言っても過言ではないでしょう。ダイバーシティ経営時代を迎えている今，異文化を備える外国人を採用する中小企業が増えていることからも，組織文化を念頭に置いた経営はますます重要になります。

　そこで本書では，組織文化の意義と機能を踏まえて，中小企業ならではの視点で実践コミュニティに着目し，定性的，定量的な調査・分析により，組織文化形成メカニズムの要因について探っていきます。


2025年1月

相　原　君　俊

# 目　次

# 第1章

# 中小企業を取り巻く状況と組織文化

## 1.1 はじめに

　昨今，紛争や金融危機，感染症パンデミックなど世界経済を大きく揺るがす様々なことが起きている。これらは当該国・地域内にとどまらず，世界規模で多大なる影響を及ぼすことから，企業を取り巻く環境は目まぐるしく変化している。各企業は遅れを取らぬよう，そして組織を存続させるために常に対応に追われている。時代の流れに適応した経営戦略や政策を掲げ，それらの実行のために間断なく組織改革を余儀なくされている。特に中小企業[1]は，外的要因の影響を直接的に受けやすく，自力での対応も大企業に比べれば限定的である。なぜなら，一般的に中小企業は，ヒト・モノ・カネ・コトを大企業ほど潤沢に有しておらず，限りある資源をやりくりして経営している場合が多いからである。

　企業が組織改革する場合，体制面など形式的なことばかりに気を取られがちであるが，目に見えない部分である組織文化を考慮することも忘れてはならない。十分な経営資源を有さない中小企業は，どうしても目先の対応に追われてしまい，本来重要視しなければならない組織文化を軽視しがちとなってしまうことは，重要な課題である。また，これまで大企業の傘下にいた，もしくは親企業からの下請け業務を中心に運営してきたという中小企業は多かったが，大企業依存体質からの脱却は加速している。中小企業にとって，大企業からの発注があるという前提でビジネスを進めていくことはリスクが高すぎるため，す

べてとは言わずとも，一定程度は親企業を頼らずに収益を上げることができる
ビジネス基盤を考慮した上で，組織を改革していくこともまた課題である。

## 1.2 企業に求められる組織改革

　企業が組織改革をする場合，組織文化を考慮しながら行うことが重要となる
が，文化というものは「他者」に対する意見と偏見を持ち，自分の文化はいつ
でも「正しい」と考えるものであるため，異文化を受け入れることは大きな文
化的挑戦となる（Schein, 2016）。例えば，親企業からの発注が大半を占めてい
た頃のやり方から，独自製品を開発するなど自社の強みを活かした経営にシフ
トする場合は，これまでは親会社の顔色を窺って事を進めていく文化だったか
もしれないが，親会社には振り回されずに自分たちで考えていかなくてはなら
ない文化へと変えていく必要がある。

　企業間合併時のような組織再編をする場合は，新たな組織構造を構築する必
要が出てくるが，同時に組織文化も融合する必要がある。しかし，文化の融合
の必要性に気づくのは，たいていの場合，組織改革の後になってからであり，
事前に考慮されることはほとんどない（Schein, 2004）。なかには，「両方の企
業の文化から良いものを吸収する」という欲張った考えを持つ企業もあるが，
多くの場合，それぞれの出身母体の文化を踏襲し続ける（Schein, 2016）ため，
たとえ優良企業同士の合併でも，組織文化をうまく融合しきれないケースが起
きている。融合できないと，実質，１社に複数組織が併存することになる。企
業の経営者が交替する際もまた，組織文化の改革が求められるが，特に中小企
業では留意する必要がある。なぜなら，大企業は一般的に定期的な人事ロー
テーションがあり，社員以外にもトップを含めた経営陣の入れ替わりが頻繁に
行われているが，中小企業ではトップが創業者もしくはその一族というケース
が多く，かつ長期にわたり経営を支配することがあるためである。中小企業に
おける組織文化は，長年変わらないまま共有されているがゆえに当たり前の感
覚となってしまい，他の文化を受け入れることに慣れていないことが多い。

　また，大企業に比べて，経営資源が質，量ともに限定されている中小企業は，
１人で何役もこなさなくてはならない場合が多く，組織文化の改革に十分な時

間と労力を割くことが難しいとされる。中小企業は構成要員が少ない分，団結や結束が高くなる一方で，何事にも許容範囲が小さくなりがちであり，その状況が長くなると他の文化を受け入れなくなる傾向がある（山澤, 2006）。異文化という点では，例えば，まったく異なる組織文化を持った経験者採用の社員が入社してきた場合，当該新入社員はどのように新しい組織文化を身につけていくのであろうか。そして，受け入れ側の企業は，自社の組織文化を身につけてもらうためにどのようなことができるのだろうか。異なる組織文化のままでは，お互いにやりにくさを感じてしまう。

## 1.3　中小企業の海外展開

　組織文化を融合することにおいては，現在日本が迎えている超高齢化社会[2]も大いに関連があり，決して無視できない問題である。日本は，生産年齢人口[3]の急速な減少により，国内の労働力不足が社会問題となっている。労働力不足解消のための対策として，積極的な女性活躍の場の提供，60歳定年制の延長，高度外国人材[4]の活用などを取り入れる企業が増えている。年齢や性別，国籍などに関係なく，社員を採用，育成し活用するダイバーシティ経営[5]は，組織内での摩擦や衝突を回避しながら多様な価値観を尊重しつつ取り入れていくことが重要となる。ダイバーシティ経営の意義は，多様性の高い組織を構築することで経営環境の激しい変化にも柔軟に対応できるようにすることであり，人手不足が契機となっただけでなく，企業としての社会的責任やSDGs，働き方改革などの影響により，関心を持つ中小企業も増えてきている（中山, 2020）。

　日本の超高齢化社会による働き手不足は解消への道筋は見出せておらず，むしろますます深刻化することは確実な情勢である。さらに大きな問題として，日本の人口が減少しているということは，日本国内における消費者も同時に減少しているということである。つまり，国内需要が落ち込んでいく傾向は続き，今後国内マーケットが急速に縮小していくと予想されている。したがって，現在の経営規模を将来にわたって維持する，もしくは発展を見込むことは，新たな手を打たずに現状のままであれば相当に難しくなる。対応策としては，国内マーケットに固執するのではなく，新たなマーケット開拓を目的に海外展開を

していくことが考えられるが，これまで難しいとされてきた中小企業においても，海外展開に取り組む例は増えてきている。実際に日本の中小企業における海外展開は，近年，輸送コストの低下や情報通信技術の発達によって経営資源の国際移動が容易になり，大企業のみならず日本の中小企業が海外で事業を営むことは，もはや珍しいことではなくなってきている（髙橋, 2015）。そして，日本政府は成長戦略の中で，中小企業による海外展開を活性化させるべく，中小企業の海外展開支援を重要な政策として位置づけている。

　中小企業に求められているのは，今後の人口減少を前提としたビジネスモデル構築であり，海外の需要を獲得することができれば成長の余地は十分にある（中小企業庁, 2019）。特にアジアを中心とした新興国は経済成長著しく，そのような魅力的な海外マーケットに目を向けていくことは重要であり，海外諸国を含めたより広範な需要を取り入れていくことは，日本の中小企業が今後生き残っていくためには必須と言っても過言ではない。さらに，中小企業は親企業からの脱却，脱下請けが強まっているが，海外進出においても同様である。グローバル化を迎えて，中小企業の海外進出の形態も変わり始めているのである。加藤（2011）は，国内の親企業からの進出要請に応えることを目的とした「下請型」と，要請に応じた進出ではなく独自の製品・部品生産に基づき，例えば自社製品の生産コストの低減を目的とした「自立型」に大きく分けられるとしている。

　「下請型」の“下請け”とは，一般的には親企業の業績に左右されやすいことからネガティブな意味でとらえられがちだが，下請け業務は中小企業にとって完全に否定されるものではないだろう。なぜなら，親企業ばかりを頼りに海外進出することはリスクもある反面，親企業からの下請け業務があるということは，下請け企業にとっては一定の収益が見込まれるということでもある。つまり，下請け業務のみに依存する状況とならぬよう「下請け業務＋$\alpha$」とすることが重要で，この「$\alpha$」で独自性を発揮していくことになる。

　これまで，ほとんどの日系中小企業の海外進出は，日系企業による日系企業のためのものであった。現地の事業環境や従業員への対応を除けば，たとえ現場が海外であっても，ものづくりのモデルの根幹は，何ら日本国内で行われるのと変わりはなかった。時には，海外にいながらも日本語で仕事を続けること

さえできるほど，日本国内の顧客関係や生産協力の体制を，そのまま海外に持ち出しているものもあった。しかし，この「日本式生産モデル」のフルセット型海外進出は崩れつつあり（大野健, 2015），下請け業務に加えて，独自に新たな市場を開拓している「自立型」の中小企業が徐々に見られるようになってきている。丁可（2015）もまた指摘しているように，海外において，日系企業以外の地場企業もしくは欧米系企業向けに販売を始める「自立型」の中小企業が現れ始めている。「自立型」の中小企業は，人件費等の「生産コストの低減」から「市場開拓」へと海外進出の目的をシフトさせており（丹下, 2015a），今後進出を予定する中小企業においても，コスト削減ではなく将来の海外市場の拡大や国内市場の縮小を意識して海外進出を行おうとしている（商工中金, 2018）。

## 1.4 中小企業の海外進出

企業の「海外展開」には，輸出（直接輸出，間接輸出を含む）や，海外に工場や支店，事務所を設立する「海外進出[6]」がある[7]。海外需要を獲得する最たる手段としての「海外進出」は，これまで大企業に高い優位性があり，中小企業には難しいと考えられてきた。しかし，国を挙げての政策，それを受けての自治体や公的機関による積極的な支援も相まって，少しずつではあるが海外進出する中小企業の割合は増加している（中小企業庁, 2019）。当然ながら中小企業にとっての海外進出は今なお容易なことではないが，自治体や公的機関をはじめとする充実した多様な支援が後押しすることで，少しずつだが増加を示しているデータもある。

ところが，中小企業の海外進出は今後も順当に増加するかというと，そう簡単な話ではない。JETRO（2020）によれば，「海外進出の拡大を図る」（「さらに拡大を図る」と「今後，新たに取り組みたい」の合計）と回答した中小企業は，年により多少の変動はあるものの，総じて減少傾向にある（**図表１−１**）。[8] 中小企業全体では海外進出する中小企業の割合は着実に増えているにも関わらず，なぜ中小企業の今後の海外進出方針となると減少傾向を示しているかと言えば，着目すべきはJETRO（2020）の母数である。一般的な中小企業

の社数ではなく，これまでにJETROのサービスを利用したことがある中小企業，つまり，現在すでに海外ビジネスを行っている，もしくは海外ビジネスに関心が高い中小企業が母数である。これらの企業が母数になると減少傾向を示すのは，海外進出の拡大を図る中小企業の多くは順調と言えず，様々な課題に直面していると考えることができる。

　帝国データバンク（2019）によれば，企業の規模が大きくなればなるほど海外進出の割合は高まるという結果が出ている。前回の調査結果と比較すると，5年前に海外進出し，現在も海外に進出している大企業が29.1％だったのに対し，中小企業は17.5％であった。そして，5年前に海外に進出していなかった企業が現在海外に進出している割合と，5年前に海外に進出していた企業が現在海外に進出していない割合を比較すると，大企業が（6.7％：5.5％），中小企業が（5.7％：6.9％）となり，大企業の割合は過去から現在にかけて増加している一方，中小企業は減少しており，大企業の方が海外進出に対する意欲が高いという結果が出ている。また，中小企業は，新たに海外進出した割合（＝5年前に海外に進出していなかった企業が現在海外に進出している）より，撤退した割合（＝5年前に海外に進出していた企業が現在海外に進出していない）の方が高いことも示されている。中小企業は，海外進出の必要性を理解し意欲はあるものの実現に至っておらず，それどころか撤退するケースも少なくない

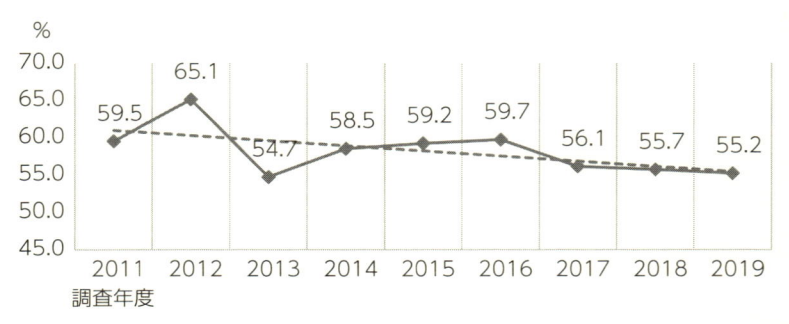

[図表1－1] 中小企業の今後の海外進出方針

海外進出の拡大を図る
「さらに拡大を図る」＋「新たに進出したい」

出所：JETRO（2020）をもとに筆者作成

というのが現状である。

## 1.5 海外進出時の課題

　中小企業は海外進出するにあたり，どのような課題を抱えているかというと，高垣（2020）は，世界がグローバル化したとはいえ，政治制度，経済制度，文化や社会，法律制度，技術など，国により様々な違いがあり，国内ビジネスと比べると国際ビジネスは格段に複雑だと指摘している。帝国データバンク（2019）によれば，「今後，海外進出を検討または進める場合，どのようなことが障害や課題となるか」の設問に対し，中小企業の回答は，上位から「社内人材（邦人）の確保」44.0％，「言語の違い」38.4％，「文化・商習慣の違い」36.8％であった。このような課題を抱えながらも，これまで海外事業を考えたことがなかった中小企業でさえ，生き残りのために海外進出を検討せざるを得ない状況となっている（大野健, 2015）。日本の中小企業が複数国に進出し，日本国内よりも海外子会社がその企業の屋台骨を支えているパターンも見られるようになってきているが，中小企業が海外子会社を確立することは，マーケットの縮小が予測される日本経済において，長期的に事業を存続できるかの鍵を握っているといえよう（寺澤・弘中, 2017）。

　ただし，海外進出先で非日系企業を開拓して独自のネットワークを構築することは容易ではなく，日本国内のマーケットが厳しいからといって安易に海外に進出すればよいということではない。国内で業界を代表するような経営力を備えている中小企業であっても，海外進出においては目的を達成できずに撤退するという厳しい結果に追い込まれている例もある（加藤, 2011）。海外に進出しても，国内同様に常に変革を求められるのが実態であり（丹下, 2018），それにうまく対応できなければ海外事業は続かない。他方で，JETRO（2020）によると，2018年度の中小企業の［国内：海外］の売上高比率は，それぞれ［81.7％：18.4％］だったのに対し，今後の［国内：海外］の売上高比率を同じく中小企業に聞いた結果は，［74.4％：25.6％］と海外売上高予想の比率が4割近く上昇しており，近い将来海外売上高を伸ばしたい意向の中小企業が増えていることは明らかである。

　また，「海外進出の拡大を図る」（「さらに拡大を図る」と「新たに進出したい」の合計）と回答した中小企業は，そうでない中小企業に比べて，今後の国内事業展開方針において「拡大を図る」と回答した割合が高く，国内事業展開においても積極的である（JETRO, 2020）。海外進出することで，業績の向上や，その他国内工場などへの波及効果（いわゆるブーメラン効果）が生まれるといったメリットも期待できるため，中小企業が成長していくためには積極的にグローバル化を活用していくべきである（佐竹, 2014）。中小企業の海外進出が進むにつれ，今後は国際化のみならず，さらなるグローバル化[9]が求められることになる。従来，国際化は日本の諸外国との輸出入・交易関係のみで分析検討されてきたが，グローバル化の時代に入り，もはや企業は日本企業の海外展開の状況や外国企業の脅威，そして経営資源の国際移転というようなことを考慮した総合的な戦略展開を余儀なくされている（佐竹, 2014）。

## 1.6 　中小企業におけるグローバル人材

　中小企業の海外進出において，障壁となる主な要因もわかってきている。中小企業基盤整備機構（2017）によれば，「海外拠点を運営するうえで直面している主要な課題（最大３つまで回答）」の設問に対し，「海外事業を推進できる人材の確保，育成」が突出してトップであった。日本政策金融公庫総合研究所（2015）においても，「海外拠点からの撤退の理由で重要なものから順に３つまでの複数回答」の設問に対し，「管理人材の確保困難」が21.2％でトップであった。これらからもわかるように，中小企業の海外進出においては，日本と海外間の言語や文化・商習慣の違いを理解し，それらを踏まえた上で適切に国内外の事業を遂行できる「グローバル人材」の存在が鍵を握っていると言えよう。

　中小企業のグローバル人材の育成において，資金力もまた課題である。JETRO（2020）によると，「人材育成にかかるコストが負担できない」という設問に対して，大企業が9.1％であったのに対し，中小企業はその約2.6倍にあたる24.0％であった。海外ビジネスの拡大に向けた人材確保の方針については，大企業では「現在の日本人社員のグローバル人材育成」が56.9％であったのに対して，中小企業はそれを20％以上も下回る36.0％であった一方，中小企業の

「外国人の採用，登用」は，大企業の21.5％を上回る23.8％であり，年々増加している（**図表1−2**）。また，中小企業の「海外ビジネスに精通した日本人の中途採用」は大企業の9.9％を大きく上回る23.6％であり，中小企業はグローバル人材を育成する資金力の不足を，外国人や経験者などの即戦力採用でカバーしようとしていることがわかる。

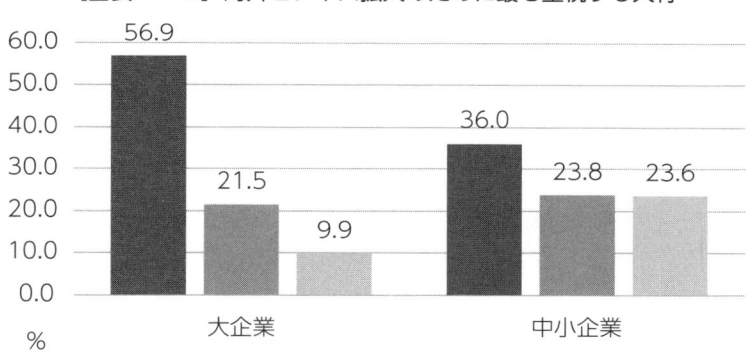

[図表1−2] 海外ビジネス拡大のために最も重視する人材

出所：JETRO（2020）をもとに筆者作成

JETRO（2020）によれば，「日本人社員のグローバル人材育成の課題」の設問に対し，中小企業の回答は，「人材育成に係る時間・体制的余裕がない」52.2％，「社内で明確なグローバル人材育成に対する戦略がない」51.0％，「人材指導・育成のノウハウが乏しい」43.6％であった。この結果は，下請け関係から離れて独自に海外進出する「自立型」の中小企業が増える中，親企業を頼れず，中小企業自らが経営方針を策定し，あらゆる業務を実施，調整しなければならないことが主な要因と考えられるが，逆の視点では，グローバル人材の存在，育成次第では，中小企業が海外展開する伸びしろは十分にある。高垣（2020）が指摘する通り，海外諸国，地域の特性を的確に把握し，対応できる人材の育成はますます重要となっており，日本で要請されているグローバル人

材とは，単に語学力があるということではなく，異文化横断的に物事を考えることができ，実践的な知識を備えた人々のことである。

　中小企業の海外進出の苦戦ぶりは，企業規模による海外進出状況にも如実に表れており，「海外拠点がある（代理店は含まず）」大企業は79.1％であるのに対し，中小企業はその半数以下の37.8％である（JETRO, 2020）。既述の通り，中小企業の海外進出の実態は，増加傾向を示していないばかりか，現実的な障壁に阻まれている。主な要因の１つはグローバル人材難であり，中小企業は大企業に比べてグローバル人材が不足し，グローバル人材を育成することも資金面などの問題から大きな負担となっている。

## 1.7　本書の目的

　様々な外的要因により，企業は組織を維持，発展させていくために改革していく必要性に迫られている。組織を改革していこうとする場合，組織体制などの形式面以外に，目には見えないものであるが組織文化も考慮することが重要となる。例えば，企業合併する際には，組織文化も融合しなければならないし，親企業からの下請け中心の仕事から脱却する際には，親企業を考慮していた組織文化から，独自色の組織文化に変えていく必要がある。組織文化はその時々の状況に合わせて変わりゆくのが自然であり，健全でもある。

　また，超高齢化社会を迎えている日本では，これまで盛んではなかったが，中小企業の海外進出も当たり前の時代となっており，今後ますます重要になっていくと考えられる。海外進出は国家や地域の文化に加えて組織文化など，多様な文化を融合していかねばならず，国境をまたぐとなると相当な障壁が立ちはだかる。相手国文化を理解しようとすることは極めて重要なことであるが，日本と海外諸国間との国家文化には大きな隔たりが存在している。海外展開先に国内的経営をそのまま移転しようとしても，国内と同じ経営を行うことは難しく，海外進出の主体が中小企業となるとなおさら，である（姜, 2015）。

　人材のみならず，モノ・カネ・コトも含めた経営資源が質，量ともに大企業に比べると十分でない中小企業は，当然ながらグローバル人材も不足していることが多い。中小企業は大企業と比べると人材の移動も小さく，異文化を学習

する機会が少ないため，異文化との接触や侵入を伴う国際進出においては，組織全体として大企業以上に抵抗感がある（山澤, 2006）。国家間の異文化に加えて，当然のことながら企業ごとに組織文化は違うため，国内本社と海外子会社の間には「二重の異文化」が存在していることになる。さらに言えば，一企業の中で異なる国や地域に多数の拠点を抱えるグローバル企業にとっては，その一つひとつの組織において多数の組織文化が存在するとなると，非常に複雑で多様な組織文化をマネジメントしていかなくてはならないことになる。特に海外展開を積極的に進める中小企業が増えているなか，中小企業は少ない人数で，なるべく費用をかけずに組織文化を形成していかねばならない。

　以上のように，ヒト・モノ・カネ・コトといった経営資源が大企業に比べて十分でない中小企業においても，組織の存続のために様々な改革を余儀なくされている。組織を改革する際には，組織文化に着目することも重要となるが，改革の規模や範囲，またその時の状況によっては，複数の組織文化を融合したり，新たな組織文化を形成したり，海外へ組織文化を移転したりと対応していくことが必要になる。このような問題意識の下，本書では，中小企業において，外部環境の変化に適合し，異文化と融合しながら，いかにして新しい組織文化を形成していくことができるのかについて明らかにすることを目的とする。

## 1.8　本書の構成

　本書は，図表1－3に示すように，4つのフェーズから全8章で構成される。第1章では，「中小企業を取り巻く状況と組織文化」として問題意識と目的を述べ，全体構成を示す。

　第2章では，「組織文化の意義と機能」として，本書における組織文化の定義づけをした上で，組織文化で重要な意味を持つ「全社文化とサブカルチャー」「組織文化の逆機能」についてレビューを行う。さらに，組織改革や組織再編の際にどのように既存の組織文化を取り入れながら新しい組織文化を形成していくのかレビューし，中小企業における海外子会社への組織文化移転についても併せてレビューする。また，組織文化と密接な関係にある「経営理念」との関係性について，「強い文化・弱い文化」を踏まえながらレビューを行う。

　第3章では，「実践コミュニティの意義と機能」として，主に本書において概念的枠組みとして用いる実践コミュニティ概念についてレビューする。元来，実践コミュニティは文化人類学が発祥とされるが，経営学においてはどのように応用されているのかをレビューし，本書で用いる「後期実践コミュニティ」についても明示し，組織文化との親和性も示す。また，キーワードとなる「正統的周辺参加」「二重編み組織」「意味の交渉」「文化的透明性」についてレビューする。

　第4章では，「リサーチクエスチョンの設定と分析方法」として，第2章および第3章それぞれの先行研究レビューの限界を明らかにする。その上で，リサーチクエスチョンを導出し，さらにリサーチクエスチョンを解くための分析視座を設定する。併せて，事例研究についての分析方法を述べる。

　第5章，第6章，および第7章では，リサーチクエスチョンを分析するために，分析視座を中心とした事例研究を行う。第5章では，「経営理念浸透から組織文化形成」として，まず，事例対象企業における経営理念であるクレド（行動指針）の浸透から組織文化形成までのプロセスを，ヒアリングをもとにした定性的調査を行う。そして，事例対象企業の国内本社に勤務する社員に対して行ったアンケート調査をもとにして，KH Coderを用いた定量的分析を行う。経営理念の浸透状況を定量的に分析することで，定性的分析を補完する。

　第6章では，「海外子会社への組織文化移転」として，高コンテクスト文化の代表格である日本語を使用する日本の中小企業が，いかにして国家文化が異なる海外子会社へ組織文化を移転していけるのかについて，定性的調査を行う。事例対象企業における組織文化に関するヒアリング調査を踏まえ，海外子会社勤務経験者へのインタビュー調査から，SCAT分析を用いて，国内本社から海外子会社への組織文化移転のプロセスおよびメカニズムを分析する。

　第7章では，「組織文化形成における実践コミュニティの貢献」として，第5章および第6章の事例分析で確認された実践コミュニティの動きについて深掘りするために，追加事例研究を行う。なお，分析にあたっては，事例対象企業における実践コミュニティの活動について，「意味の交渉」や「文化的透明性」の概念を用いて行う。

　第8章では，「実践コミュニティの活用」として第5章，第6章，および第

[図表1－3] 本書の構成

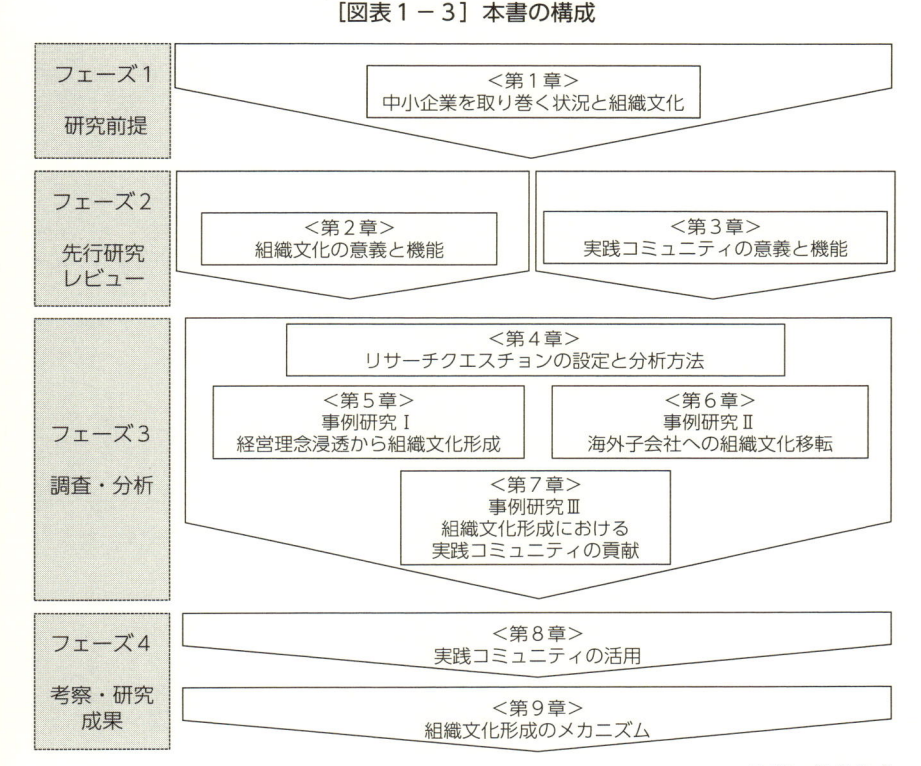

出所：筆者作成

7章の事例研究の結果をもとにして，中小企業が外部環境の変化に適合し，異文化とも融合しながら，いかにして新しい組織文化を形成していくことができるのか，そのメカニズムについて，実践コミュニティの概念を用いて考察する。

第9章では，「組織文化形成のメカニズム」として第4章で設定した分析視座に基づき，事例分析の発見事実からリサーチクエスチョンの解を導き出す。

 注 ————————————————————

1　本書における中小企業とは，中小企業庁の定義によるものを使用する。なお，中小企業庁（2020）によれば，日本の中小企業数は358万者あり，日本の企業数の99％以上を占めている。

2　WHO（世界保健機関）や国連の定義によると，高齢化率が7％を超えると高齢化社会，

14%を超えると高齢社会，21%以上が超高齢社会と定義されている。なお，高齢化率とは，総人口に占める65歳以上の人口の割合をいう。

3　生産年齢人口とは，国内の生産活動を中心となって支える人口層を指す。経済協力開発機構（OECD）は15歳以上64歳未満の人口と定義している。生産年齢人口に対し，14歳以下は年少人口，65歳以上は老年人口と呼ばれる。

4　高度外国人材に決まった定義はないが，総務省（2019）は，日本での活躍により日本の産業にイノベーションをもたらすような優秀な外国人材として，具体的には「高度人材に対するポイント制による出入国管理上の優遇措置」の制度における認定を受けた者を「高度外国人材」と位置づけている。なお，高度外国人材の活用は日本政府が推進していることもあり，高い知識や技術を有している大学卒業程度以上の外国人を，日本人と同様のポジション，待遇で採用する企業が増加している。社内での活性化や，その他にも展開先の海外諸国の言語や文化を知る外国人が社内にいることで，企業が受けるメリットは大きいとされている。

5　ダイバーシティ経営とは，経済産業省（2020）によれば，「多様な人材を活かし，その能力が最大限発揮できる機会を提供することで，イノベーションを生み出し，価値創造につなげている経営」のことであり，これからの日本企業が競争力を高めていくために，必要かつ有効な戦略としている。「多様な人材」とは，性別，年齢，人種や国籍，障がいの有無，性的指向，宗教・信条，価値観などの多様性だけでなく，キャリアや経験，働き方などの多様性も含むものとされている。

6　本書においては，対外直接投資（FDI），海外子会社設立などの呼び方を「海外進出」に統一することとし，参考文献等からの引用時も適宜置き換える。また，海外進出とは，海外に子会社を設立する「グリーンフィールド投資」を指し，M&Aを含まない。

7　「海外展開」と言う場合において，輸出および海外進出に加えて，輸入や海外企業との業務提携，外国人観光客の誘致等を含むこともあるが，本書では対象としないものとして論を展開する。

8　同調査は毎年実施されているが，2021年以降のデータは，特殊要因である新型コロナウィルスの影響を大きく受けている可能性が高いため，2020年調査（2019年までのデータ）を使用している。

9　ここで言う国際化（internationalization）とは，国境をまたぐ国家間の活動のことであり，他方，グローバル化（globalization）とは，世界全体を1つのマーケットとしてとらえたボーダレス社会のことである。国際化は1980年代に頻繁に使われるようになったが，グローバル化も次第に使われるようになり，今日では市民権を得た用語となっている（遠原，2019）。

# 第2章

# 組織文化の意義と機能

## 2.1 組織文化が持つ役割

### 2.1.1 組織文化研究の変遷

　1980年代は組織文化喪失の時代と言われ，企業社会における文化は風化してしまった（梅澤, 1994）が，他方，経営学においては，組織文化論という研究領域が，同じく1980年代に生まれ，アカデミック的要因や社会的要因により隆盛となっていった（田中, 2006）。きっかけとなったのは，組織文化を計画的に変革する組織開発論と日本的経営の成功からであり，組織の顕在的側面にばかり注目してきた組織論は，組織の潜在的側面を分析して変革の対象とした（山倉, 1998）。1980年代以降も，組織の競争力の源泉として，あるいは組織におけるマネジメントや組織分析のための新しいツールとして，組織文化という概念に対する人々の関心や期待は急速に高まり，組織文化を主題とする研究が継続して行われるようになった（出口, 2004b）。

　企業研究の面においても文化が注目されるようになったが，なぜかと言えば，組織文化が企業の経営成果と密接に関わっている可能性，特に，強い文化を持つことによって社員に行動の方向性を与えることを通じて，高業績を達成するという議論があったからである（河合, 2006）。組織文化の研究は，共有された意味体系としての組織が，学習能力や自己変革能力，メンバー同士あるいは環境との社会的相互作用を通じて，長い間に進化する能力を持っていることを明

らかにした（野中・竹内, 2020）。

　海外の組織文化研究においては，Hall（1993）が，世界の言語コミュニケーションを高コンテクスト文化（high-context cultures）と低コンテクスト文化（low-context cultures）に分類した。高コンテクスト文化と低コンテクスト文化は優劣を表すものではない。高コンテクスト文化とは，実際に言葉に出して表現せずとも相手に伝わる文化を言い，他方，低コンテクスト文化は，はっきりと言葉で表現された内容のみが伝わり，いわゆる行間を読むということがない文化を言う。高コンテクスト文化なのか低コンテクスト文化なのかは国や地域で大きく異なり，高コンテクスト文化の代表格が日本語である。

## 2.1.2　組織文化のマネジメント

　日本において，現代でもなお極度の合理化を突き進め，組織における人間性の尊重を軽視する企業も存在し，組織的不祥事によって社会からの信用を失う企業も少なくないが，ゆえに現代こそ管理者にとって組織的価値観のマネジメント，つまり組織文化のマネジメントが重要となる（小原, 2014）。なぜなら，組織文化の存在は個人の意思決定，行動，努力，学習，と様々な局面で，少しずつではあるが良い影響を与える（伊丹・加護野, 2003）からである。水谷内（1992）も，組織文化の存在は，企業の優劣や業績の浮沈に大きな影響を及ぼすとともに，企業活動のあらゆる局面や戦略策定にも影響を与え，組織メンバー自身のものの見方と行動に一定のパターンを取らせる重要な問題だとしている。

　瀬戸（2017）は，組織文化は組織によって様々であるが，共通する特性として，意識の有無に関わらず暗黙のうちに定着し認知されていることを指摘しており，個々の組織では，暗黙の共通認識とは異なった価値判断基準や行動様式を持っていても，オブラートに包まれて組織内の雰囲気に迎合しやすい面もあるとしている。さらに，雰囲気は時間経過とともに一層強固になる傾向があり，一度形成されると変わりにくい面も否めず，経営活動の根幹である環境適応の面ではプラスにもマイナスにも作用するだけに，活用の仕方が問われると述べている。

　組織文化は，公式の制度を補充，またとって代わる効果を持っている（河野，

1993)。加護野他（1993）によれば，元来，組織文化は業種ごとに共通する部分が大きく，同じ業種の企業はよく似た組織文化を持っているとされてきたが，業界が成長，発展するにつれて，業界下位の企業の中で，リーダー的存在の企業に従いながら安定化を求める企業や，上位に挑戦していく企業など，業界の垣根を超えて組織文化の違いが出てきたことで，企業ごとの組織文化が芽生えてきた。組織文化の違いが企業間で最も大きくなる次元とは，例えば，ある企業にとっては「変化」をチャンスととらえ，また別の企業では「変化」は可能な限り回避すべきものととらえる，といった「変化」に対する姿勢だとしている。

　したがって，マネジメントの面においては，組織文化は長期的視点から管理すべきであり，組織文化と組織の生存との関連は短期的にはあまり感じられないが，長期的には，強い文化を持つ企業とそうではない企業との間で，生存率に関しての差は顕著になってくる（咲川, 2013）。強い文化を持つ企業は，通常，組織における成功の体現者として組織文化を強く持つトップ経営者のみならず，ミドル層や現場の社員を含め，広く組織文化が浸透している（河合, 2006）。伊丹・加護野（2003）は，組織文化を共有する組織構成メンバーが多いという事実は，人々の感情の水準を高めることもあると指摘しているが，なぜなら，人はやはり群れる動物で，自分と似たような価値観，思考パターン，認識の仕方を持った人が周りにたくさんいると嬉しいと感じることが多いからだとしている。

　組織文化の機能を考えてみると，組織文化の特性は，組織における人々が共有している，内面化した最も見えにくい意味や価値観であるということにある（小原, 2014）。見えにくいとなると，組織文化はわかりづらく面倒で，むしろない方が自由になるのではないかと考えられるかもしれない。しかし，不確実な環境に直面し，組織構造では対処し得ない時に，組織文化は対立を解決し，協力関係を形成するための前提を与えるものでもある（山倉, 1998）。組織内外の環境に適応できない組織文化は，やがては組織の存続をも妨げる傾向を持ち，組織を文化システムととらえれば，組織の成否は，組織文化をどのように形成し，維持・発展させるかにかかっている（小原, 2007）。組織文化があることで，ある程度均質化された思考様式の存在ゆえに，かえって人々は自由になること

ができるのである（伊丹・加護野, 2003）。

　小原（2014）は，組織文化の機能とは組織内部の人々の内面および行動をコントロールし，組織的統合機能をなすものだとした上で，組織成員は組織文化によって自らの価値観や行動が組織メンバーと共有しているのだと感じ，心理的安定を保つことが可能とされ，ゆえにモチベーションが高められ，自主性と創造性を発揮させ，組織的成果を高める重要な機能を果たすとしている。組織文化の機能は，組織における人々の大きなエネルギーを引き出し，経営戦略に適合した最も安定した組織行動パターンを創り出すことが可能なのであり，経営戦略と組織の融合には，組織文化の浸透が不可欠である（小原, 2016）。

### 2.1.3　組織文化の意義

　組織文化とは，どのような構成で，どのような意義を有しているのであろうか。山倉（1998）は，組織のメンバーに共有されている価値・規範により，人々は何が望ましいのか，どんな基準で行動すべきかが明らかになり，人間行動の秩序化が行われるが，組織文化は，こうしたメンバーによって共有されている価値・規範・信念のことだとしている。

　伊丹・加護野（2003）は，組織文化とは，組織構成メンバーが共有するものの考え方，ものの見方，感じ方からなるとし，より厳密に抽象的なレベルで言えば，「組織の価値観」と「人々に共有されたパラダイム」という2つの部分からなるとしている。1つ目の「組織の価値観」とは，人々は組織内にて何に価値を置くか，何が大切で何が大切でないか，そのような「価値観」として組織の多くの人に共有されているものであり，2つ目の「人々に共有されたパラダイム」とは，組織内でメンバーが認識から判断，行動に至るまでのそれぞれ個人の中で行われる思考のプロセスの中で，1つの組織で人々の中に共通項が生まれてくる，「認識と思考のパターン」のことである。伊丹・加護野（2003）は，この価値観とパラダイムはお互いに支持し，補強し合い1つの組織文化を構成しているとし，価値観とパラダイムの間にすき間や離齬があれば，それは組織文化として定着することはないだろうとしている。

　さらに，伊丹・加護野（2003）は，価値観やパラダイムは抽象的なものであり，具体的にわかりにくく，いかようにでも解釈できてしまうと指摘し，より

具体的に表現して組織構成メンバーにわかりやすくさせるものは「行動規範」であるとし，次のように続けている。「行動規範」とは，組織の中で遭遇する様々な状況下で，いかに行動すべきかについての内面化されたルール，すなわち暗黙のルールであり，「価値観」と「パラダイム」の具体的表現の役割を果たし，この3つの要素は互いに緊密に関連し合っているという。したがって，組織文化の意義について，伊丹・加護野（2003）は「価値観の共有の意義」「パラダイムの共有の意義」「行動規範の共有の意義」の3つに分かれると指摘している。ひいては，組織のモチベーションを高め，判断基準が共有されることにより意思決定のすり合わせが容易になり，そして，コミュニケーションを容易にするという相乗効果を生む（伊丹・加護野, 2003）と考えられる。

## 2.2 機能主義的組織文化論と解釈主義的組織文化論

Schein（1989）は，組織文化の機能は「外的適応」と「内的統合」の2つに大きく分けられるとし，一見，皮相的とも考えられるVI（Visual Identity）やCI（Corporate Identity）が重要な戦略の1つとして注目されてきたのも，それらが外的適応と内的統合の機能を双方ともに果たしうるものだからに他ならないとしている。横尾（2004）によれば，外的適応と内的統合は互いに依存し合っており，同時に考えていかねばならないものだとした上で，仮に組織内部の運営がいくら効率的であったとしても，戦略が外部環境に適していなければ効果的な企業経営がなされているとは言えず，また，その時点で外部環境に適した戦略が策定されていたとしても，実行する場である組織内部の運営が非効率では戦略が迅速に遂行されず，環境と戦略に時間差が生じてしまうとしている。したがって，有効な企業経営のためには，組織文化における外的適応と内的統合の両機能を常に考慮することが重要となる。

佐藤・山田（2004）によれば，外的適応とは，組織の価値や目標，活動を明確に定めることを通じて，その組織を取り巻く環境への外的適応を果たすことだとしている。例えば，ある企業が独自の製品やブランドを打ち立てることができ，それが期待どおりの効果を生んだ場合，市場や業界という組織を取り巻く環境の中で，企業の地位を高めることができる。一方，内的統合とは，組織

における成員たちを結束させ，協働行為を活性化することを通じ，内的統合を図ることによって，組織の存在（生成・維持・変容）を根本から基礎づけていくことだとしている。例えば，企業で独特の言い回しや，「会社語」（隠語）が多数用いられ，それを自在に操れるということに対して，従業員たちがプライドを持っている場合，企業での一体感を高めることができる。

「外的適応」と「内部統合」について，小原（2007）は現代の組織文化論の観点から「機能主義的組織文化論」と「解釈主義的組織文化論」としてアプローチし，これら二項は真っ向から対立しているものであるが，機能主義と解釈主義の統合の概念は確立されるべきだと主張している。なぜならば，組織の存続と発展・進化のためには，絶えず外部の環境変化に対応して組織が変わっていくという受動的な適応と，組織内部から生み出された主体的・能動的な変化が新しい環境を切り開いていく，という2つの側面が必要不可欠であるからだとしている。

小原（2007）が言う「機能主義的組織文化論」とは，環境そのものを所与のものとしてとらえ，組織の外にある客観的実在物として扱い，外部環境の変化に対して，組織もそれに適応させて受動的に変化し，適応する結果として理解されるものである。他方，「解釈主義的組織文化論」は，環境は組織内部の個々人の間主観的，意識的な相互作用の産物である意味世界としてとらえる，いわば社会的な構成物であり，組織は，組織内部の個々人自らが主体的・自律的に環境に働きかけ，組織内外の環境を可能な範囲で変革したり，創造したりするプロセスに中心が置かれるものである。

特に「解釈主義的組織文化論」の経営学的意義について，小原（2007）は，組織における人間存在の重要性を我々に再度自覚させ，組織における個々人の人間存在の持つ主体性と果敢な創造性の発揮により，組織が未来に向かって進化しうる可能性を持つものだということを解き明かし，理解させることだと指摘している。現代経営の発展において注目される「創発」という概念は，環境を所与とした，組織目的の何ら疑うことのない目的の先予性によって，「全体から部分へ」といった構図で機能主義的にそれのみでとらえるところからは生まれないものであり，「部分から全体へ」の過程，さらには，人間存在の「飛躍」を含む非論理的過程をも視野に入れていかねばならないものとしている。

よって，機能主義的組織文化論と解釈主義的組織文化論は，二項対立するものではなく，両面からのアプローチが重要である。特に解釈主義的組織文化論は，一見したところわかりづらいが，組織の内部から生み出される自主性に依るところが大きく，組織文化論においてはとても重要な視点となる。

## 2.3　組織文化の特徴と定義付け

### 2.3.1　組織文化の特徴

　組織文化とは，組織のメンバーがいつの間にか無意識のうちに共有しているものが，組織内で決定要因として働いているものであり，組織によって実に多様である。したがって，業種が同じ場合，組織文化が似通っていることはよくあるが，たとえ同じ業界であっても，異なる組織の間では同一の組織文化はないと考えられる。しかし，信川（2017）によれば，組織文化の概念や定義は研究者によって異なるものの，一定の方向性の合意はなされており，組織文化は目に見えないため明文化されにくいものではあるが，組織独自の信念や価値観であり，思考や行動のベースとなるものである。その中でも，伝統的組織文化論から一歩進んだ明確な組織文化モデルを構築したとして多くの支持を受けている定義が「ある特定のグループが外部への適応や内部統合の問題に対処する際に学習した，グループ自身によって，創られ，発見され，または，発展させられた基本的仮定のパターン」（Schein, 1989, p.12）であり，今日の組織文化論の基礎になったとも言える（田中秀, 2006）。

　咲川（1998）は，Schein（1989）が言う組織文化が他の諸概念と異なる重要な特徴として，組織文化を組織のメンバーによって共有された基本的仮定のパターンとして理解している点を指摘している。さらに，咲川（1998）は，基本的仮定とは，人々の行動，その背後にある価値観に対して，より根源的なレベルから強い影響を及ぼすこと，すなわち，基本的仮定を理解することによって，組織の諸現象が一層明らかになることだとしている。奥村（1994）によると，組織文化は，経営者や従業員によって培われてきた無形の独自の価値観ないし雰囲気の蓄積である。小原（2014）は，組織文化とは，組織内外の様々な文化

要因が相互に絡んで，それぞれの組織の内部に固有で独自の文化が形成されたものであり，ひとたび組織内部に強固な文化が形成されると，次第に組織文化の影響が組織内外で強く影響することになる点が特徴だとしている。

咲川（2018）は，組織文化には4つの明確な特徴があるとしている。組織構成員によって共有されていること，当該組織と他の組織を区別すること，組織や職場の中に根付いていること，そして，意味を持ち象徴となることの4点である。経営面に着目すれば，経営資源として有効に機能してはじめて良い組織文化となるのであって，未来の経営に対して促進的に作用すると見込まれてこそ優秀な組織文化だと言えるのである（梅澤，1994）。さらに，梅澤（1994）は，経営施策を支え，事業活動にとって効果的に働いてくれるような組織文化である時，それは真に"強い"という称号をもらうことができ，「経営機能促進的」である時に，優秀な組織文化だと言えるとしている。

### 2.3.2　組織文化の定義

本書は，組織文化の概念を追究し，定義付けることを目的としているわけではないが，組織文化に多様な定義がある中で，組織文化の概念をあらかじめ明確にしておくことは，組織文化形成のメカニズムを検証する上で必要なことである。

経営学研究における組織文化の定義については，多くの研究者が定義しているが，例えば，田中（2006）の「組織成員が組織内外の様々な局面に対面した結果，間主観的に内面化し共有するに至った，組織においての価値・規範・信念」や，小原（2014）の「企業における組織構成員が共有する意味や価値観およびシンボル意味体系，行動規範，信念の集合体として表れたその組織特有の意味，解釈枠組み，および，その思考パターン」，水谷内（1992）の「組織メンバーによって暗黙に共有された価値体系ないし思考・行動様式の体系」のように，「組織内で共有されていると組織メンバーが承知している，価値観などのような目に見えないものの集合体」といった定義が多い。

咲川（1998）は，組織文化の基本的機能は，組織を安定化させることであり，組織文化は学習に次ぐ学習によって形成されて，組織の中で次の世代に伝承され，受け継がれていく「組織の歴史の産物」だとしている。Schein（1989）が

定義した組織文化でも「ある特定のグループが外部への適応や内部統合の問題に対処する際に"学習"した，グループ自身によって，創られ，発見され，または，発展させられた基本的仮定のパターン」というように「学習」が強調されている。このように組織文化には「学習」の要素が欠かせないものであった。ついては，本書における組織文化の定義は，「組織構成メンバーが組織内で学習を行った結果，組織自身によって創られ，共有された，組織特有の共通の価値観，パラダイム，行動規範をベースとする，意味の解釈，および思考のパターン」とする。

伊丹・加護野（2003）によると，組織文化は，時に「企業文化」と呼ばれることもあり，「組織風土」や「社風」と言われるものと本質的には同じだとしている。他方で，福間（2006）は，組織文化と組織風土はもともと区別されていたとしており，組織文化は安定して変わらない体質のことで，意識することができない会社らしさのことであり，組織風土はつくりかえることができる雰囲気，社風で，目に見える，感じることができるものだと指摘している。

小原（2007）は，「経営文化」「組織文化」「企業文化」の微妙な相違を次のように明らかにしている。「経営文化」とは，経営という営為が文化の影響から自由ではありえないとする点に着目するものであり，その国の文化や国民性からも影響を受け，産業や業種の違いを反映したマネジメントが展開されるという事実を重視する。「組織文化」とは，組織内外の様々な文化要因が絡んで，それぞれの企業組織の内部に固有で独自な文化が形成されたものであり，ひとたび組織内部に強固な文化が形成されると，次第に，経営文化よりも，組織内部に形成された文化，つまり，組織文化の影響が組織内外で強く影響することになる。「企業文化」とは，経営戦略論的視点に着目するものであり，企業が市場で競争優位な地位を確保し，高い業績を上げる上で，文化的要因が有力な経営資源になることを重視し強調する。

「経営文化」「組織文化」「企業文化」の相違を踏まえた上で，小原（2007）は，経営戦略的視点から企業業績のみに限定的に焦点を当てた「企業文化」ではなく，現実の企業経営は組織を通じてなされることから，「組織文化」が核になるとしている。咲川（1998）も，「組織文化」という用語に統一して採用しており，その理由は，企業文化も他の組織体における文化と同様に，企業組

織の中で見られる組織現象だからだとしている。以上から，本書の組織文化の定義から大きく外れなければ，「経営文化」「企業文化」「組織風土」「社風」については，「組織文化」と同義であると見なして進めていくこととする。

## 2.4　全社文化とサブカルチャー

　組織文化は，創業者やリーダーから発出される場合が多いが，組織文化が形成される過程では，従業員が主役となり編成，強化されていく（信川, 2017）。実際に，組織文化に直接関わっているのは従業員であり，それゆえ，組織文化を変えることも，変化に抵抗することもできるのは，従業員が一番である（Hatch, 2017）。このように，組織文化は一筋縄で形成されるものではないのだが，咲川（1998）は，すべての組織メンバーによって共有され，整合性を持った価値や仮定である組織文化を「全社文化」と名付け，既存研究において組織文化と言われた場合には，それは全社文化が意味されていると述べている。

　咲川（1998）が言う「全社文化」とは反対に，特定の組織メンバーによって共有された文化は，サブカルチャーと呼ばれる[1]。経営者によって意図的に形成しようとされる組織文化とは別の，自然発生的に形成される隠れた組織文化，サブカルチャーが，「最も潜在化した組織文化」である企業も少なくない（小原, 2016）。すなわち，１つの組織には，組織文化は決まった単体ではなく，「全社文化」と「サブカルチャー」というように，複数の文化が混在していると考えられる。なお，組織規模の視点からは，組織が大きくなればなるほどサブカルチャーの数も多く存在すると考えられる。なぜなら，部署ごとに，もしくは世代や役職ごとに独自の文化が形成されるなど，組織内での文化の相違点が存在するからである。

　では，サブカルチャーは全社文化，ひいては組織にとって厄介者なのであろうか。Hatch（2017）によれば，サブカルチャーは，それ自体では良いものでも悪いものでもなく，組織にとってのサブカルチャーの価値は，サブカルチャーが発揮する影響力次第である。サブカルチャーが全社文化に似たものなのか，もしくは相反するものなのかにもより，影響力の大きさも異なってくる。咲川（1998）が指摘しているように，大多数の組織メンバーが共有している支

配的な全社文化に対して，サブカルチャーが対抗的となることもある。例えば，各部門の組織メンバーがサブカルチャーに従い行動すれば，全社文化は機能しなくなり，組織全体としての統一感が失われる。小原（2016）も同様に，形式的でない本音の文化であるサブカルチャーが最も潜在化した文化として支配する場合，経営者が意図的に形成しようとする組織文化の受け入れは難しいものになるとしている。

　仮に利己的な考え方が支配的であり，他人の意見に耳を傾けず，言われたことしかやらず，責任転嫁の風潮がはびこっているような組織文化があったならば，文字どおり組織は機能不全に陥るわけであり，業績どころか，日常的な経営活動すら遂行できないことになる（梅澤, 2003）。特に弱い文化の環境下では，サブカルチャーが大きな破壊力を持ち，サブカルチャーが行動を支配し，やがて社内に一種の文化の偏流をひき起す恐れがある（Deal and Kennedy, 1997）。他方で，全社文化とサブカルチャー間に共通性が高い場合は，強い文化となるが，官僚的な組織になってしまう恐れがある（河野, 1993）。

　また，全社文化に焦点を合わせサブカルチャーを無視した場合，自分たちの組織を理解することは難しくなり，組織メンバーたちの緊張関係や矛盾した行為を見逃すことになってしまう（Hatch, 2017）。つまり，経営者が理念を声高に言おうとも，社員は必然的に会社がどのように運営されているのか，本当の価値観は何なのかをサブカルチャーから理解するようになってしまう（O'Reilly Ⅲ and Pfeffer, 2000）。他方で，全社文化が強すぎれば，新たな発想や行動の制約条件となってしまうという弊害が出てしまうが，では，全社文化は存在しない方がよいかというとそうではなく，部門間の調整やコミュニケーションにおいて，何らかの共有された価値観として全社文化は必要とされており，もし存在しなければ，部門間のセクショナリズムが強くなりすぎてしまう懸念がある（横尾, 2004）。

## 2.5　組織文化の逆機能

　全社文化とサブカルチャーの役割次第で，組織文化は企業の高業績をもたらすことができる反面，逆にネガティブな影響をもたらすこともあり得る（瀬戸,

2017)。経営者が意図的に形成しようとする組織文化がなかなか浸透しない場合には，サブカルチャーの方が強く浸透しているか，もしくは経営者の形式的な組織文化に隠れている本当の価値観に影響されていることが考えられるが，組織文化がその企業の存続に危機を及ぼす方向に向いていたならば，その文化は逆機能を果たすことにもなりえるのである（小原, 2016）。松村（1999）によると，組織文化は，環境が安定している場合は順機能によって企業に高業績をもたらすが，環境に変化が生じ，企業が環境適応しようとする段になると「逆機能」を露呈し始める。河合（2006）によれば，実際に，組織文化を競争優位の源泉に据えると理解されてきた『エクセレント・カンパニー』（Peters and Waterman, 1983）や『ビジョナリー・カンパニー』（Collins and Porras, 1995）のモデル企業の中にも，1980年代から90年代において，組織文化の逆機能により経営成果を悪化させたと考えられる企業が散見されている。

　組織文化がもたらす負の影響，すなわち逆機能について，伊丹・加護野（2003）が次のように分析し，まとめている。1つの価値観，1つのパラダイムが組織の多くの人によって共有されていくという組織文化の生成と定着のプロセスは，2つの帰結をもたらすことにより逆機能が起こるという。1つ目は思考様式の均質化であり，環境が変化した時に，新しい環境の好適な思考様式に適応していくための種が，古い思考様式に均質化してしまった組織の中では多くない，もしくは，そのような種が組織の中の支配的な思考様式によってかき消されてしまうためだという。つまり，人々の思考の多様性を奪い，個性を殺した人間の集まりになってしまう危険性があり，活き活きと働けなくなるという。2つ目は自己保存本能であり，自己保存がいつの間にか，組織そのものの存続ではなく，組織文化の存続を目的としてしまうようになると，肝心の組織の存続を危うくする行動を組織が取り始めてしまう。これは慣性で，他の思考様式への感受性が鈍り，好都合なことだけを認識するため，あるいは，自分のアイデンティティにしがみつくために起こるという。

　組織における文化的状況を十分に把握するためには，全社文化だけでなく，サブカルチャーをも理解する必要がある。組織文化には，複数のサブカルチャーが存在することから，公式的組織行動の非合理的側面をも理解できるのである（小原, 2016）。また，サブカルチャーは組織の安定性には貢献しないが，

組織の外部環境変化への適応にとっては極めて重要な要因であり，組織の中で
サブカルチャーが多様であるほど，組織の適応性は高まるとも言える（咲川,
1998）。組織文化の正当かつ望ましい諸要素と，サブカルチャーのそれなりに
正統な違いとを，いかに調和させていくかが，文化を診断し管理する上で一番
難しく，管理者としては，最低限，存在するサブカルチャーの実態を知り，新
たに出現するものに対して注意を怠ってはならない（Deal and Kennedy,
1997）。組織文化の逆機能を防ぐためには，全社文化とサブカルチャーのバラ
ンスが重要であり，可能な限り方向性が一致することが理想である。全社文化
とサブカルチャーの重なる部分が大きい組織文化は，安定していると言えよう。

## 2.6　組織改革時の組織文化

### 2.6.1　組織文化の改革

　組織文化は常に全社文化とサブカルチャーが複雑，かつ組織ごとに特有の形
で絡み合っているものであり，安定性をもたらしてくれるということでもなく，
必ずしも組織の生産性を押し上げてくれるというようなことでもなかった。で
は，企業が新事業に乗り出したり，大きく経営方針の舵を切ったり，事業革新
しなくてはならない状況にある場合には，組織文化はどうあるべきなのであろ
うか。Deal and Kennedy（1997）によれば，組織文化が強ければ強いほど，
組織の改革は困難になる。なぜなら組織文化が組織の抵抗を引き起こし，組織
の変化に抵抗するブレーキ役となるためである。流行や短期的な変動などに対
して，組織があやふやな対応をしないようにすることが，まさに組織文化の役
割であり，ブレーキとして働く。新しい行動様式が職場の規範となり，共有の
価値観として根付くまでは，改革努力に伴って生じていたプレッシャーが取り
除かれてしまうとすぐに，改革前の状況に後戻りする恐れがある（Kotter,
2002）。

　「組織慣性」もまた理由の１つである（小沢, 2014）。組織とは，毎日活動し
続けるものであり，過去から積み重ねてきたものを将来にも継続していこうと
する力が働く。その継続性の方向を急に転換しようとしても，これまで継続し

てきた勢いがあるため，容易にハンドルをきることはできない。Kotter and Heskett（1994）によれば，組織慣性が起こる大きな理由として，組織のメンバーが自分たちを結束させている価値観のほとんどを自覚している者がいないからである。例えば，「人生において何が重要か」という問いの答えは，報酬，やりがいなど，各組織やメンバーによって様々である。組織構成員数や過去から積み上げ，引き継がれてきた歴史が多い場合はなおさらであろう。さらに，組織文化のパラダイムは情報のフィルターの役割を果たし，外部の環境変化に対する認識を遅らせ，そればかりか取り入れた情報に対する解釈を歪曲してしまう可能性を持っているため，強い文化を持つ企業の革新はなおさら困難を極めるのである（河合, 2006）。

では，組織改革や組織再編などを達成させるためには，組織文化はどう適合していくべきであろうか。小原（2016）は，一般的に組織改革を実行する場合，組織の構造改革ばかりに目が向けられがちであるが，構造という比較的目に見えやすい側面のみに限定した変更では，真に組織改革を成功させることは難しく，もう1つの規定要因として，組織文化が存在していると指摘している。つまり，組織構造の再構築と同時に，深層を形作る組織文化も改革することが求められるのである。組織の革新とは，組織文化の革新と同義語である（伊丹・加護野, 2003）。

## 2.6.2　組織文化の創造

企業の改革の方法は，全社的スローガンやCIのような社員の意識を変えるための全社的運動へと変化してきている節もあるが，意識と行動パターンの背後にある組織文化の役割を理解しながら，既存の組織文化を改革し，新たな組織文化を創造してマネジメントしていく必要がある（加護野他, 1993）。組織文化が強固であれば，組織と組織構成員の目標が一致，もしくはそれに近い形となり，モチベーションも上がり，生産性向上も期待できる。組織改革そのものが，「我々の職場ではこのように行動するのだ」という方法が定着した時，さらに各職場と組織全体の血管にその方法がしっかり浸透した時にはじめて，組織文化として定着するのである（Kotter, 2002）。組織文化によって組織構成員や行動を縛りつけるのではなく，逆に変化を奨励する価値観によって，組織構

成員や組織全体の行動に柔軟性を持たせるということが重要だといえよう（横尾, 2004）。

　しかし，組織文化の改革はとても難しいものである。Schein（2016）によれば，人間が変化に抵抗するのは，新しいことを学習するためには何かを捨てなければならないためである。文化的要素が組織内で定着した後に文化の改革プログラムが始まると，組織は不快感や不安感でいっぱいになるという。組織文化とは，メンバーの守るべき規則を定めた社会契約のようなものであるため，組織文化の改革に乗り出すのは社会契約を破ることを意味することであり，したがって，組織内の大勢，特に従来のルールから恩恵を受けている人々が抵抗するのは驚くに当たらない（Pisano, 2019）。

　組織内で組織文化が共有されていない場合，部門間の対立が見られ，責任の押し付け合いが危機感の欠如に影響を与え，対立を強めることにもなり得る（小沢, 2014）。わかりやすい例を挙げると，企業間合併の場合は，２つの組織文化が角をつき合わせる状況が長続きしやすい（伊丹・加護野, 2003）。合併して新しい組織が誕生しても，多くの場合，それぞれの下位文化であるサブカルチャーが変わることなく残っているため，それぞれがそれぞれのやり方を踏襲し続ける（Schein, 2016）。そして最も良くないパターンとしては，衝突と軋轢の表面化を避けるようにぬるま湯の処置を続けることであろう。両者の組織文化は異なるものの，真っ向から対立するものでない場合，多少の違和感はあっても，融合するための調整は面倒なことから放置され，何となく共存を続けるということは容易に起き得ると考えられるが，それでは業績は低迷していくと考えられる。

　したがって，リーダーの仕事の本質は，どのようにして組織文化を創り出すかということではなく，すでに作用している多様なサブカルチャーの力をどのように管理していくかであり，高度に分化した組織をどのように統合していくのか，さらに文化の中で機能しなくなった要素に適切な変化を加えながら，新たに生じてきた外部環境の現実に調和する文化的要素をいかに強化していくかということなのである（Schein, 2016）。多くのサブカルチャーをうまく連携させることが，21世紀の企業にとっては特に重要となり，企業間合併や吸収，ジョイント・ベンチャーにおいては，それぞれのサブカルチャーを融合し，連

携させなければならず，それができれば，グローバリゼーションにより，国籍や言語，民族をベースとした多様な文化を内包する組織単位ができる（Schein, 2016）。

## 2.7 中小企業の海外子会社への組織文化移転

### 2.7.1 異文化間の組織文化移転

　グローバリゼーションの観点から，海外展開を行う企業は，異文化の融合ができるかどうかが海外ビジネス成功のためのカギとなる。経営のグローバル化が進展した多くの企業においては，当然のことながら，異文化の衝突や摩擦により意思疎通が困難となり，ひいては経営活動の障害になることもしばしばある（小原, 2007）。現地従業員特有の価値観，行動様式をどのような形で，経営管理に活かしていくべきかに関しては，慎重に考慮しなければならない問題である（姜, 2015）。一般的に，人は異質性が高い職場，例えば異なる年代や性別が多い場合，自らとの共通点を見出しづらく，協調性を失いやすくなり，社員間でのコンフリクトも起きやすくなると考えられる。経営学において，海外子会社の異文化人材はどのように管理すべきかについては，これまで多くの海外子会社への組織文化移転に関する研究がなされているが，日系企業は現状，日本人駐在員を現地に送り込む，現地採用で現地国籍の社員を日本に派遣し，研修後に現地に戻してマネージャーとする，もしくは最近では，高度外国人材を日本で採用し，一定期間日本国内で研修，就業を経た後に現地トップを任せる，などの方法を駆使している。

　海外進出では，国内本社と海外子会社との間でのヒト・モノ・カネが移転することに伴い知識も移転するが，それを成功裏に行うためには多くの困難性要因が存在する（髙橋, 2015）。例えば，日本人駐在員と現地スタッフの間のコミュニケーションは，日々の業務を円滑に遂行する上で非常に重要であるにも関わらず，言葉の壁や文化，仕事への価値観の相違から，予想以上の困難を抱えているケースも多い。日本人駐在員が持つ強みのうち，単純な仕事上の経験によって身につく知識は現地スタッフも習得できるが，国内本社の意思決定に

関するノウハウの中に，国内本社で長期間働くことで身につく暗黙知が含まれていれば，海外子会社で働く現地スタッフが学習するのは難しい可能性がある（大木, 2016）。したがって，国内本社からの暗黙知も含めた知識の移転が重要な時には，日本人駐在員が現地の要職につくことがある（大木, 2011）

　北原（2017）によれば，現地化に成功している日本企業は，「知識移転」「技術移転」の側面で優れた成果を上げているが，そのためには「形式知」と「暗黙知」の両方がきちんと伝わることが必須であるという。「暗黙知」とは，国内本社で長い時間をかけて醸成されてきた独自の「組織文化」「経営理念」あるいは「モノ作りのノウハウ」を意味し，これらは形式知である「知識」「技術」のベースあるいはバックボーンとなっており，言い換えれば，「組織文化」「経営理念」に置き換えられているこれらのバックボーンを移植できて，はじめて本当の意味の「知識移転」「技術移転」が可能となる。

　さらに北原（2017）は，いわゆる「共通言語」とは，日本語・英語・など"Language" という意味の言語ではなく，各企業の独自の文化・理念・風土を共有する，いわば社員同士で通じる「言語＋その言葉に付随する暗黙知」を意味しているとし，海外子会社の現地化が進んでいる日本企業では，この国内本社と海外子会社間の共通言語によるコミュニケーションがよくできており，暗黙知を共有する社員同士であるがゆえの質の高いコミュニケーションができているという。反対に，現地化が上手くできていない日本企業の場合，国内本社と海外子会社間の行き違い・誤解・コンフリクトが多くなり，その原因のほとんどは，言語の違いによるものではなく，両者間で暗黙知を含んだ「共通言語」によるコミュニケーションができていないことによるものであるという。

## 2.7.2　海外子会社への組織文化移転の役割を担う人材

　国内本社から海外子会社への組織文化移転は決して簡単なことではない。したがって，一般的には両国の文化に触れることができている日本人駐在員への期待が必然的に高くなる。担当する業務の範囲が広くなりがちな中小企業の日本人駐在員であればなおさらである。現地スタッフの採用，育成，管理など，本来は国内本社と海外子会社が一体となり取り組むべき課題であるが，実態は海外子会社任せ，正確に言うと，日本人駐在員に依存しているケースが多い

（北原，2017）。日本人駐在員は，国内本社と海外子会社をつなぐ存在であることを理解し，本社の意見を現地に，そして，現地の意見を本社に伝えるため，本国と現地の両方と活発なコミュニケーションを取り続け，両者の意図を理解した上で，両者の意見をうまく折衷させる存在になることが望ましい（大木，2016）。

　北原（2017）によれば，海外子会社の「現地化」が順調な日本企業では，例外なく，国内本社・海外子会社間の「一体感」が強く，国内本社による「息の長い本気のサポート」ができている。さらに，国内本社は，現地化には時間と手間がかかることを理解し，プレッシャーをかけて急かすことがないように必要な時間を与え，現地スタッフの育成などについて海外子会社任せにするのではなく，国内本社が積極的に現地スタッフ育成の仕組み作りや，現地スタッフの国内本社への逆出向を実施するなど，ともに取り組んでいる例が多いとしている。しかし，中小企業の海外進出では，大企業のように十分な日本人駐在員を海外子会社へ送り込むことはできず，グローバル人材を確保，育成するための資金も十分でないなど，経営資源が質量ともに限定されているケースが多い。したがって，特にコストの面から，日本人駐在員一人ひとりの働きにかかってくる負担は必然的に大きくなっているのが実態である（寺澤・弘中，2017）。これまで海外進出に踏み切れなかった中小企業が多かった要因の1つでもあろう。

　海外子会社へ組織文化を移転することは，社会的コンテクストが異なることからも容易なことではないが，適切に機能させることには固有の困難が伴う（中川他，2017）。その理由の1つとして，日本人駐在員と現地スタッフにはそれぞれの国家の文化が根付いており，その上に共通の組織文化を構成しなくてはならないことが挙げられる。また，中川他（2015）は，組織文化が海外子会社へ移転されると，国内本社固有の知識は促進されるが，他方で，現地での創意工夫が阻害されるとし，逆にうまく移転されなければ，現地での創意工夫は闊達に行われるが，国内本社からの知識移転は進まないというジレンマが起こるとしている。本来は，海外子会社へ組織文化が移転されると，知識移転と現地での創意工夫の両方を達成することが理想であるが，その両立は簡単なことではない。

### 2.7.3　組織文化移転における触媒的仲介者の可能性

　海外子会社への組織文化移転の役割を担い得る人材として，日本人駐在員以外にも日本で採用され国内本社での勤務経験を持つ外国人社員や，いわゆる高度外国人材など，日本と現地の両方を知る人材について，張（2004）は「触媒的仲介者」と呼び，触媒的仲介者のような中間項を介在させるとより効率的な技術移転ができる可能性があるとしている。例えば外国籍で，日本での留学経験を持つ者を採用した場合，触媒的仲介者となり得る。

　海外子会社への組織文化移転においては，国をまたぐため，使用言語や文化の違い，思想や常識も異なる。張（2004）は，様々な相違点を乗り越えて学習を促進していくためには，受け入れ側の理解を助ける懸け橋など，「学習サイクルの流れ」を良くする工夫，およびギャップを乗り越えるための力となる「能動的学習」意欲が一層必要になるとし，そこに触媒的仲介者が貢献できることになる。さらに張（2004）は，触媒的仲介者は，現地社員と同じ国や同じ文化の出身であることから，日本人駐在員よりも受け入れ側の学習者に近い立場に立っているため，より効果的な役割を果たせることに加えて，触媒的仲介者自身も学習者と一緒に学んでいるので，触媒的仲介者がどのように日本人社員から学習しているのかという学習プロセスそのものも参考にできると指摘している。

### 2.7.4　組織文化移転における国内本社と海外子会社の関係性

　海外子会社は，その組織特有の文化を受け入れることができれば，国内本社との調和が取れ，足並みが揃った行動が可能となる。海外子会社において，国内本社が当たり前ととらえている事柄や価値観，または行動といった，その会社独自の組織文化による経営を行うことができるかどうかは，大変重要な意味を持つ。すなわち，国内本社と海外子会社間で組織文化が一致していなければ，事業が低迷し，業績も伸び悩むということが起き得るであろう。Schein（2004）は，文化のレベルを非常に可視的なものから，暗黙の目に見えないものまで，次の３段階に分けている。レベル１：文物（人工物）＝目に見える組織構造および手順，レベル２：標榜されている価値観＝戦略，目標，哲学，レベル３：

背後に潜む基本的仮定＝無意識の当たり前の信念，認識，思考および感情，の３段階で，特にレベル３は，組織の中では当たり前とされる暗黙知を含むため，海外子会社へ移転するためには，国内本社からの積極的な関与が必要となる。

　Bartlett and Ghoshal（1990）は，海外子会社と国内本社との間の情報共有やコミュニケーション，経営理念や組織文化なども重要視し，海外子会社が本来持っている企業家精神とイノベーションの能力をいかに育て，それを多国籍企業としてのグローバルな企業システムの中でいかに活かしていくかという側面に十分考慮しなければならないとしている。国内本社の管理とコントロールが強すぎると，海外子会社の自立精神を弱め，企業家精神とイノベーション能力の芽をつんでしまうことになってしまう。他方で，海外子会社ごとの戦略的な役割の分化が進むと，世界各地に点在する知識を国内本社がいかに獲得していくかが重要課題となる（Gupta and Govindarajan, 1991）が，国内本社が海外子会社のコンテクストに合わせながら差別化し，適合性を保つことができれば業績は向上し，さらに価値観の共有度が高いほどパフォーマンスおよびガバナンスは高まる（Nohria and Ghoshal, 1994）。

　多国籍企業としての観点から，Perlmutter（1969）は経営志向の４パターン，すなわち「本国志向型（Ethnocentric）」「現地志向型（Polycentric）」「地域志向型（Regiocentric）」「世界志向型（Geocentric）」を提示し，これらの頭文字を取った「EPRGプロファイル」の段階から，企業の人事管理がどの程度国際化されているかがわかるとしている。Bartlett and Ghoshal（1990）は，経営戦略も重要なテーマとして取り上げており，多国籍企業を「グローバル型企業」「マルチナショナル型企業」「インターナショナル型企業」に類型化し，さらにこれら３類型の良いところを集め，現地での適応を重視しながら学習を重ねてイノベーションを起こしていく「トランスナショナル型企業（＝世界規模の効率性，各国の環境への適応，世界的なイノベーションの伝播を追求する）」がこれから最も重要となると提唱した。

## 2.8 組織文化と経営理念の関係性

### 2.8.1 経営理念が組織文化に与える影響

　サブカルチャーの存在意義次第では，組織文化は逆機能を果たす可能性があることや，組織改革時や海外子会社との関係においては，サブカルチャーや異文化を上手く融合していかなければ組織内で対立を引き起こす恐れがあることに触れてきた。小原（2014）は，それらを防ぐためには，組織をある一定方向へ向かわせる明確な経営理念，そして，経営戦略実行のための組織として，組織構造と組織文化が必要になると指摘している。組織文化は，変わらないものと考えられがちであるが，意図的にも，時間の経過によっても，変容可能なものである（小原, 2016）。加護野他（1993）も同様に，組織文化は目に見えない影響力があるだけに，意識的に管理することは難しいが，ある程度までは，意識的に形づくり，伝承することはできるとし，特に重要な役割を演ずるのが経営理念だと述べている。

　組織文化を変えることは困難が伴うものであったが，河合（2006）によれば，組織文化とは，過去の経験と学習の集積であるためであり，強い文化を持つ企業にとってはなおさら組織文化を変えることは困難である。経営理念を掲げれば文化が共有され，伝承されるという単純なものでもなければ，経営理念が組織文化と常に合致しているわけでもないが，いくつかの会社では，経営理念が単なるお題目ではなく，組織における問題の立て方や解き方を指定するルールになっている場合がある（加護野他, 1993）。

　伊丹・加護野（2003）によれば，組織文化と経営理念による経営とは，経営者が経営の理念を表明し納得を求め，そして組織文化の形成に大きな努力を払うことによって，人々が持つ4つの基礎要因，「目的」「情報」「思考様式」「感情」に影響を与えようとする経営の働きかけである。経営理念とは，組織の基本的な考えや信念で，組織文化の中核をなすものである（Deal and Kennedy, 1997）。梅澤（2003）は，経営理念とは言葉で表明された組織価値のことであり，組織文化の中核的要素だとした上で，経営理念が浸透，確立され，かつ企

業活動に体現されることによって，企業独自の組織文化が形成されるとしている。組織文化は経営理念そのものではないが，経営理念や経営戦略が生み出す現実の経営管理活動を通じて形成され，発展していくものであり，具体的な経営管理活動としてどう体現されるかが，組織の成長や組織文化の発展，さらには，組織成員のモラル向上へとつながっていくものでもある（佐野・若林, 1987）。

また，経営理念の浸透度が高い組織は，個人の能力を尊重する組織文化が根付いている可能性が高い（北見他, 2021）。逆に，経営理念が浸透していなければ，組織文化は活性化していない，もしくは機能していないということになろう。瀬戸（2009）は，経営理念の浸透には，組織文化のあり様が大きく影響するとし，経営理念は組織文化そのものではないものの，深いレベルで根幹を成すものであり，現実の経営理念を組織内に浸透させることにより，組織の一体感を形成し得ると述べている。組織文化とは，会社の内部に築かれた自らの知的資産であったり，磨かれた思考・行為様式であったり，経営理念の浸透と確立によって築かれるものである（梅澤, 1994）。

## 2.8.2　組織文化形成における経営理念の役割

組織文化との関係が深い経営理念だが，「経営理念」という用語には実に多くの同義語がある。例えば，「企業理念」「基本理念」「社是」「社訓」「綱領」「経営方針」「経営指針」「企業目的」「企業目標」「企業使命」「根本精神」「信条」「理想」「ビジョン」「誓い」「規（のり）」「モットー」「めざすべき企業像」「事業成功の秘訣」「事業領域」「行動指針」「行動規準」「スローガン」など，「経営理念」という括りで広範囲に使用されている。[2] 同じ「経営理念」であっても，企業によって呼び方は実に様々であり，日本の会社では，一口に経営理念といっても複数の要素から構成されている場合が多いことがわかる（奥村, 1994）。

その理由の1つとして，奥村（1994）が指摘しているように，経営理念には理想としての上位概念から実践原理としての下位概念に至る，経営理念の階層性が存在していることが考えられる。経営理念とは，第一は，この企業は何のために存在するかという組織の理念的目的，第二は，経営のやり方と人々の行

動についての基本的考え方，という組織の目的についての理念と，経営行動の規範についての理念との2つの部分から構成されている（伊丹・加護野, 2003）。

井上（2022）は，経営理念には「対内的な役割」と「対外的な役割」があり，対内的役割は社員の行動規範，行動指針として重要な意思決定の基準になるとし，対外的役割は自社の経営姿勢を利害関係者や社会全体へ表明するものだとしている。また，奥村（1994）は，経営理念とは，第一に，会社の使命や存在意義についての経営理念，第二に，これを具体化し実行あらしめる経営方針，第三に，社員の行動を指示する行動指針，が並べられており，理想としての上位概念から実践原理としての下位概念に至る階層が構成されているとしている。普遍性が高い経営理念は，経営環境が変化しようとも引き続き基本的な価値観として持ち続け，普遍性が低い経営方針や行動指針で環境適応を行えばよい（井上, 2022）。奥村（1994）によれば，日本の経営理念は，従業員の行動についての指針や規範を示す「行動指針」もしくは「行動規範」が比較的大きな位置を占めており，その理由は，企業における従業員ないし社員の役割が大きく，従業員の行動が会社の成否を決める大きな要因であると考えられているためだとしている。

奥村（1994）は，行動規範は，職場の雰囲気を形成するものであり，他方で，職場の雰囲気から行動指針が導き出されるとも述べており，行動指針と経営風土の交錯から，価値観の蓄積としての組織文化の存在と状況をみることができるとしている。したがって，経営理念の中でも，行動指針が最も組織文化との関係が深いと考えられる。では，どのようにすれば，経営理念は組織の内部に根付いていくのであろうか。伊丹・加護野（2003）は，「経営理念が本当に組織文化の一部になった時」と答えており，組織の人々の間に経営理念が浸透するということを意味するとしている。

## 2.8.3　経営理念浸透の重要性

経営の大きな鍵概念が存在していたとしても，経営者個人の頭の中と口から出る言葉の中に経営理念が存在しているだけでは，組織にとっても経営にとっても意味は小さく，組織の人々の間に存在する組織文化の中に経営理念が浸透していっってはじめて，モチベーションにも，判断にも，そしてコミュニケー

ションのためにも，組織的意義を持つ（伊丹・加護野, 2003）。ただし，井上（2022）も指摘している通り，経営理念は企業の長期的かつ全体的な考え方を示す役割を持っていることから，かなり抽象度が高い言葉で表現されていることが多く，社員らに企業の経営方針や経営姿勢を具体的に伝えていくことは，困難であるのが実態である。梅澤（1994）は，組織文化の形成につながらないような経営理念は，存在の意義を持たないと指摘し，組織全体に浸透させ，確実に実践することによって制定の意義が果たされるとしている。

　組織で働く人々が経営理念を必要とする理由は，伊丹・加護野（2003）によると，少なくとも３つあるとしている。第一は，組織で働く人々が理念的なインセンティブを欲するからであり，正しいと思える理念を持って人々が働く時，人々のモチベーションは一段と高まる。第二に，理念は人の意欲をかき立てるばかりでなく，人々が行動をとり，判断する時の指針を与える，すなわち，判断基準としての理念を人々は欲しているのである。第三は，理念はコミュニケーションのベースを提供するためであり，同じ理念を共有している人たちの間でコミュニケーションが起きるから，伝えられるメッセージの持つ意味が正確に伝わるのである。これらの経営理念の必要性を満たすためには，単に経営理念が文章化されて，設定されていればそれでよいというものではなく，いかに戦略をはじめ組織全体に浸透させるかが重要である。経営理念は，上位文化として組織文化に大きく影響するだけではなく，企業の業績にも影響を及ぼすものである（Kono and Clegg, 1998）。

　以上のように，経営理念は存在しているだけでは何の効力も発揮されず，いかに浸透させるかが重要である。田中（2012）は，経営理念の浸透を「成員が行動をとる時の指針となったり，言動に反映されたりしている状態」と定義している。松岡（1997）は，経営理念の浸透度を測定するための尺度を設定し，浸透している状態を「経営理念を行動に結びつけている。行動の前提となっている」と分類している。これらを準用しながら，本書における経営理念の浸透は，「経営理念が社員の行動の前提となっている状態，社員が行動を起こす際に立ち返る指針」と定義する。

## 2.9　強い文化と弱い文化

### 2.9.1　強い文化を持つ企業

　組織文化の研究が誕生した1980年代，経営戦略との関連において，あるいは
いかに企業の成果を高めるかという観点から，組織文化は一層研究されるように
なった（咲川, 1998）。代表例が，1982年に出されたPeters and Watermanの
『エクセレント・カンパニー』である。Peters and Waterman（1983）は，エ
クセレント・カンパニー（超優良企業）は価値観を明確にし，その価値観に基
づき実践するとした。そして，経営理念などの価値観を組織に浸透させること
の重要性を指摘し，そのためにエクセレント・カンパニーはたゆまぬ努力をし
ているとした。さらに，Peters and Waterman（1983）は，「価値観に基づく
実践」がいかに重要かを説き，経営に関して万能薬的な助言をするとすれば，
エクセレント・カンパニーの調査から引き出した真理として，「自社の価値体
系を確立せよ。自社の経営理念を確立せよ。働く人の誰もが仕事に誇りを持つ
ようにするためになにをなしているかと自問せよ。10年，20年さきになって振
り返ってみる時，満足感を持って思い出せることをしているかと自問せよ」
（p.469）と述べている。
　もう1つ，組織文化研究の代表例が『エクセレント・カンパニー』と同年の
1982年に出版された，Deal and Kennedyによる研究『シンボリック・マネー
ジャー』である。Deal and Kennedy（1997）は，文化と企業成果との間には
重要な関係があることを明らかにした上で，組織文化が企業の競争力を決める
とし，経営理念は組織文化の1つの構成要素と位置づけた。平常いかに行動す
べきかを明確に示す，非公式な決まりの体系を「強い文化」と呼び，自分たち
に期待されていることが正確にわかっていれば，社員は状況に応じていかに行
動すべきかを即座に判断することができるが，これに反して，弱い文化では，
社員は何をすべきか，いかにすべきかと想いあぐねるだけで，かなりの時間を
無駄にすると述べている。
　価値観が広く社内に浸透した状態である「強い文化」は，生産性に及ぼす影

響が大きい。瀬戸（2017）は，強力な組織文化は，組織自体が確固たる信念や信条を体系的に保持している状態であり，組織成員は信念や信条を共有しながら組織文化に忠実に準拠した行動をとるとし，ここで言う準拠とは，決して組織への忠誠を強制するのではなく，組織成員一人ひとりが自ら共通の価値や視点を考え行動するための一貫したマネジメントに努めることにより，結果として組織の安定化につながるものだと指摘している。この点について，Deal and Kennedy（1982）は，強い文化を持つ企業が強いのは，相違を許容し，包含するからであり，管理者は機会を逃さず，これらの相違を互いの立場を尊重しながら真に生産的な融合に導くからだとしている。さらに，その過程で，関係者全員が文化の中での自分の役割に自信を深めて，全体の中の一員であるという意識を強めているからだとしている。

　強い文化を持つ会社において，率先して文化を維持，形成する人々をDeal and Kennedy（1982）は，「シンボリック・マネージャー（象徴的管理者）」と呼び，シンボリック・マネージャーは多くの時間を，文化の価値理念，英雄，それに儀式について考えることに費し，また，自分たちの主要任務は状況の変化から生じる価値や理念の衝突を管理することであると自認しているとした。

## 2.9.2　強い文化

　では，強い文化は，すべての組織で持つことができるのだろうか。この疑問に対して，Deal and Kennedy（1982）は肯定し，そのためには，最高幹部が組織内にある文化の種類を見極めなければならず，トップの窮極的な成功は，組織文化の正確な読みと，それを研磨し，移り変わる市場の要求に合わせて形成する能力にかかっているとしている。強い文化を持つ企業においても，当然ながら発展段階において逆機能が高まる場合がある（河合, 2006）ため，留意する必要はある。強い文化を築くためには，経営幹部は育てようとしている経営理念を忠実に，そして目に見える形で守っていかねばならないが，標榜する経営理念の実践方法が一貫性を欠いていたり，促進できなかったりした場合には，組織文化の根底を揺るがせることになってしまうであろう（Deal and Kennedy, 1982）。強い文化を求めるばかりに，経営理念を強化しようと考えるならば，同時に逆機能を起こす危険性をも知っておかなくてはならないので

ある。

　同様に，強い文化だからこそ逆の因果関係もありえると，Kotter and Heskett（1994）は次のように述べている。企業が長期的に優れた業績を保っていると，強い文化は傲慢さを助長し，社員の目を内部にばかり向けさせてしまい，政治的動きを増長させ，官僚主義を助長する。その結果，組織の業績を低下させ，トップマネジメントは新しいビジネス戦略の必要性を認識できなくなるとしている。

　松岡（1997）は，「強い文化」論における問題点として次の3つ挙げている。「経営理念として掲げられている抽象的な言葉が，どのように行動レベルへと解釈されていくのかという過程についての説明が行われておらず，経営理念浸透の深まりがどのように起こっていくかということを明らかにする必要があること」「経営理念の浸透を進める要因として，トップのリーダーシップが取り上げられているが，サブカルチャーの存在を主張する識者からは，ミドル・マネージャーが重要な役割を果たしているという指摘があり，それについては触れられていないこと」「リーダーが中心となって伝えることで経営理念が浸透するとみなされているが，実際には，個々人が直接的な経験を通して，あるいは，組織内外の他者との相互作用を通して，経営理念の意味や重要性に気づくという側面も存在するのではないかと考えられ，それについて考慮されていないこと」である。

## 2.10 組織文化とは

### 2.10.1 組織文化が有する機能

　組織文化とは，様々な要因が複合的に作用して出来上がるものであり，組織のメンバー間でいつの間にか無意識のうちに共有しているものであった。そのため，企業ごとのカラーとも言える組織文化は組織によって多様なものであり，個人の意思決定，行動，努力，学習など，様々な場面で良い影響を与え，また，企業の優劣や業績にも影響を及ぼすものであった。したがって，強い文化を持つ企業とそうでない企業の間には，あらゆる面で「差」がつきやすくなる。

　実際に企業の中で組織文化に最も接するのは社員である。経営者のみならず，中間管理職や現場の従業員も含めて，広く組織文化が浸透している状態であれば，個々の組織メンバーは，組織文化によって自らの価値観や行動を組織メンバーと共有していると実感し，心理的な安定を保つことができるようになると考えられる。また，高コンテクスト文化の代表である日本は，行間や空気を積極的に読む傾向にあるため，組織文化に依存する割合は自然と高くなる。そのため，企業の経営者は組織文化によるマネジメントも決して忘れてはならない。海外進出した場合は，海外子会社での組織文化には特に留意しなくてはならない。無理に国内本社の組織文化を持ち込もうとしても，国家文化も異なるため，二重に困難が存在する。必然的に，日本人駐在員の負担は大きくなりがちである。

　組織文化は，すべての組織メンバーによって共有され，整合性を持った価値や仮定である組織文化の「全社文化」と，特定の組織メンバーによって共有された自然発生的に形成される隠れた組織文化である「サブカルチャー」があり，それらが複数混在しながら成り立っている。組織を改革する際には，部署の構成や人員配置などを再構築するだけでなく，同時に組織の深層を形作っている組織文化も改革しなければならない。既存の組織文化を改革して，新しい組織文化を創造していくというマネジメントが必要となる。企業が合併する際も同様で，合併前のそれぞれの企業が，それぞれのサブカルチャーを残そうとする力が働くため，「新生」組織文化は生まれてこないことが多い。これらのサブカルチャーをうまく融合しなければ，いつまでも企業間の対立は続き，組織改革や合併はうまくいかない。

　全社文化とサブカルチャーは，上手にバランスを取っていくことが何よりも重要となるが，例えば，組織メンバーの多くがサブカルチャーに従って行動するようになってしまうと，全社文化が機能しなくなり，組織としての統一感は失われてしまう。逆に，本音の文化であるサブカルチャーが最も潜在化した文化として支配してしまうと，いくら経営者が意図的に全社文化を形成しようとしても，受け入れられづらくなる。全社文化に増してサブカルチャーが支配的になると，組織文化がマイナスに働き，つまり組織文化の逆機能が起こり得る。したがって，組織文化の状況を十分に把握するためには，全社文化のみならず，

サブカルチャーも同時に理解しておかねばならない。

## 2.10.2　学習から形成される組織文化

　サブカルチャーによる組織文化の逆機能を防ぐためには，組織を同じベクトルに向かわせる明確な「経営理念」が効果的であった。経営理念は組織文化そのものではなく，経営理念によって組織文化が一朝一夕に形成されるものではないが，経営理念は組織文化の中核をなすものである。経営理念が浸透し，確立され，かつ企業活動に体現されることによって，企業独自の組織文化へと形成される。経営理念は上位概念から，普遍性が高い，すなわち経営環境が変わろうとも揺らぐことなく企業としての価値観として持ち続ける，社是や社訓に代表される「理念」があり，そして，下位概念には時代ごと，状況ごとに環境適応をすることができる，普遍性の低い「行動指針」や「行動規範」がある。企業においては，組織の大半を占めている社員の行動が経営の成否を決める要因になることもあり，行動指針や行動規範がとても重要な存在となる。

　しかしながら，単に経営理念を掲示したり，もしくはひたすら唱えたりといったことをするだけでは経営理念は浸透したことにならない。組織のメンバー各人が具体的に共通の解釈を持ち，かつ経営理念が示す暗黙知を含めた価値観が理解され，組織内で当然のことだと見なされるくらいに浸透した時にはじめて，組織文化として形成される。逆の視点で見れば，組織文化の形成に寄与しないような経営理念は，経営理念としての存在意義がないとも言える。経営理念は組織文化そのものではないが，まぎれもなく組織文化の一部であるため，組織の根底で強固につながっており，切っても切り離せないものである。

　組織文化は，構成メンバーが多くの経験をしていくことで「学習」を積み重ねていき，メンバー間の相互作用を通じて徐々に定着していく。どんな経営理念も組織文化も，具体的な行動を通して共通体験を多くの人々が共有しない限り組織には根づかない。具体的行動の共通体験が不足している状態では学習できず，組織文化の定着を妨げる大きな原因になり得る。企業の業績が低迷しているような時期は，弱い文化，すなわち，分化した組織文化，もしくは分裂した組織文化の状態にあると考えられる。

44

1　河野（1993）は，組織の中の部門やグループで共有されている価値観，意思決定パター
　ン，行動パターンを「部門文化」もしくは「部分文化」と呼んでいるが，これらも咲川
　（1998）および本研究で言うところのサブカルチャーにあたると考えられる。
2　奥村（1994）pp.7-8

## 第3章

# 実践コミュニティの意義と機能

## 3.1 実践コミュニティ概念

### 3.1.1 実践コミュニティと組織文化の親和性

　組織において創造性を高めていくためには，組織学習を促進し，組織構成員の個々人のアイデアが生まれるような行動環境や，それを組織がいかに汲み取るかというマネジメントが必要となるが，これらの行動環境やマネジメントのあり方に強い影響を与えるのが組織文化である（横尾, 2004）。「学習」をもたらす組織文化には，自由な実験や試行錯誤を許すという部分と，互いの協力や組織的な規範の遵守といった一見矛盾する要素が含まれているが，実際のところ「放任」も必要な一方，厳格な「管理」も必要であり，学習を促進する組織文化を形成するためには，これらの要素をうまく組み合わせていかなければならない（北居, 2012）。

　組織文化には，学習の共通体験を多くの人々が共有することが必要であり，それが不足すれば組織文化の定着を妨げる大きな原因になり得る（伊丹・加護野, 2003）。「組織文化を識る」ということは，重要な学習の過程であり（梅澤, 1994），組織文化の本質を操っているのは，学習され共有された暗黙の過程である（Schein, 2004）。例えば，あるメンバーが退職し，別のメンバーに交替したとしても組織が変わらないのは，意思決定のパターンが経験による学習を通じて組織全体に浸透しているからであり（Kono and Clegg, 1998），組織文化

が形成されるには「学習」のプロセスが必要不可欠である。組織学習の観点とは，組織文化が組織学習を促進し，その組織学習の成果が組織文化をさらに活性化させ，組織に好循環をもたらすという一連のプロセスでもある（横尾，2004）。

　本章では，組織文化における「学習」の観点から，組織文化と親和性が高いと考えられるLave and Wenger（1991）が提唱した実践コミュニティの概念についてレビューする。実践コミュニティとは，メンバーの学習を促進するため，あるいは知識を共有，創造するため，あるいは組織の境界を越えて人々と相互作用するために，企業内外で一定のテーマのもとに構築されるコミュニティであり，一言で言えば「学習のためのコミュニティ」である（松本，2019）。実践コミュニティは，階層的な組織ではなく，共に仕事をする中でインフォーマルに形成されたコミュニティであり（筒井，2002a），日常，我々が共同的に様々な資源を用いながら実践と活動に従事することで，実践の目的やその意味が生み出されていく集まりのことである（伊藤他，2004）。

　田辺（2003）は，Lave and Wenger（1991）が『状況に埋め込まれた学習』[1]で言う実践コミュニティとは，必ずしも家族や親族あるいは村といった社会的な絆や規範によってしばられた枠組みを意味しないとし，制度によって枠づけられたり，学問的に設定される明確な境界を持った集団の中の人々の実践を俯瞰して分析したりするためのものではなく，個人が参加することによって成り立つ人々の活動の様式だとしている。実践コミュニティとは，職務上の階層があるタテ社会組織ではなく，ともに仕事に関わる人々の中で非公式に形成されるものである。実践コミュニティという言葉からは，何か安定した物理的空間であるかのようなイメージがあるが，場所というよりは実践に参加している人々の共同の活動を通じて結び合わされた関係のネットワークであるため，参加者の目標や価値観，位置取りも多様で非公式な結びつきである（伊藤他，2004）。実践コミュニティの境界は，組織のように明確ではなく，曖昧であるがゆえに，企業間・組織間の境界さえも容易に超えることができ，何よりも持続性・連続性がある（長山，2016）。

　暗黙知の集合体であった組織文化は，合併時など，異なる組織文化が対立していたとしても，目に見えないものであるため見過ごしてしまうことも多い。

その点においても実践コミュニティ概念を用いることは効果的と考える。なぜならば，薄井（2013）が指摘しているとおり，実践コミュニティの参加者は，形式知のみならず暗黙知も含めた様々な知識を学び，実践コミュニティへの関与の仕方を通じて自らのアイデンティティを形成するとしているからである。実践コミュニティにおけるアイデンティティは，帰属意識，参加者同士の絆，コミュニティの特異性を構築する（田辺, 2003）。実践コミュニティにおける自分自身の関わり方や立場，他者からの自分に対する印象や接し方といったアイデンティティは，変容しながら形成されていくのである（小江, 2018）。「アイデンティティ」とは，自分自身に対して感じる，あるいは他者の目から見た，自己像のようなものではなく，ある者が実践を通じて，他者や人工物などとつながることから生じる関係性そのものを指す言葉であり，ある者の内部にとどまった静的な性質ではなく，関係性の変化に応じて常に動的に変化することを含む概念である（伊藤他, 2004）。

### 3.1.2　状況的学習論

　元来，実践コミュニティは学習研究の中で状況的認知に立脚していたLave and Wenger（1991）が実践を通して学習過程の見直しを行い，その研究の中で提唱された概念であり，以降，実践コミュニティの概念は学習理論において「状況論的アプローチ」の新潮流を形成したと言われている（平出, 2015）。小江（2018）は，学習を知識の獲得とみなす学習観は，個人やモノに内在するとの仮定が一般的であるとしているが，Lave and Wenger（1991）は，関係論的な立場に立ち，知識とは個人を含んだ実践の中に埋め込まれているとしている。人間の理解や学習が，実践への社会的な参加によって促されることを強調する状況的学習論の有力な概念こそが，実践コミュニティなのである（薄井, 2010）。状況的学習論では実践コミュニティへの参加が重要となる。実践コミュニティにおける知識や技能を得る学習は，状況と分離されたものではなく，実践コミュニティで関わり合いを持つ中で獲得されていくものである。人々が共通の課題に向けて自発的に集まり，ともに学習していくことはごく普通に行われていることであり，あらゆる日常に実践コミュニティは存在していると考えられる。

　Wenger et al.（2002）によれば，実践コミュニティは他の生き物と同じように，完成した状態で生まれてくるのではなく，誕生，成長，死という自然のサイクルを経験するとし，持続的に発展していく中にも，5つの段階，すなわち，潜在，結託，成熟，維持・向上，変容があるとしている。さらに，Wenger et al.（2002）は，実践コミュニティ生成後の初期段階において，メンバー間に十分な共通点を見出していくことが重要であり，他のメンバーも自分と同じ問題意識や情熱を持っていることを共有することで，活力が生み出されるとしている。活発な実践コミュニティは変化に富み，変化が活動レベルを高めることもあれば，逆に活力を枯渇させてしまうこともあり得る。それらの変化に対応，適応し，自らを再編する中で，同僚同士の非公式な集まりという特質を失わないようにする方法を見つけなければならないとしている。

　それがうまくいかなければ，長山（2016）が言うように，実践コミュニティという学習環境は，学習テーマが陳腐化するといった理由から参加メンバーが減っていき消滅することもある。そして，どんなに健全であっても，実践コミュニティは，いつかは寿命を迎えることになる。Wenger et al.（2002）によれば，「衰弱する」「社交クラブとなる」「分裂や合併」「制度化」のいずれかに変容し，実践コミュニティは終焉するものである。

### 3.1.3　「実践コミュニティ」と「実践共同体」

　「実践コミュニティ」とは，Lave and Wenger（1991）で提唱された"Communities of Practice"の和訳であるが，「実践共同体」と訳されることも多い。田辺（2003）は，「実践共同体」，あるいはより内容に忠実に「実践協働体」と訳すこともできるが，社会科学の歴史の中で特異な意味を持ってきた「共同体」概念との混同を避けるという理由から「実践コミュニティ」と呼んでいる。

　また，平出（2015）も，「コミュニティ（community）」という単語は日本語として一般に用いられており，「共同体」と訳されることも多いが，「共同体」は「ゲマインシャフト」の意味で使用されてきた経緯があり，「実践共同体」と訳すと誤解を与える恐れがあることから，「実践コミュニティ」と呼んでいる。本書においても同様の理由から，あえて"communities"を「共同体」

と訳すことはせず，より原語に近い訳である「コミュニティ」を用いた「実践コミュニティ」で統一することとし，参考文献等からの引用時においても，適宜「実践コミュニティ」に置き換える。

## 3.2 経営学における実践コミュニティ

### 3.2.1 実践コミュニティの構築

　実践コミュニティの概念は経営学に導入されて久しい。経営学における実践コミュニティの研究は，Lave and Wenger（1991）以降に行われるようになったと考えられており（松本, 2017b），経営学で知識創造理論などを中心とした知識経営学が隆盛し，知識や暗黙知への関心が高まっていた同時代に，人が知識を獲得する環境を現場に即して分析できる「実践コミュニティ」への関心は，学問領域を越境して経営学にも波及した。一般的な実践コミュニティの定義は「あるテーマに関する関心や問題，熱意などを共有し，その分野の知識や技能を，持続的な相互交流を通じて深めていく人々の集団」（Wenger et al., 2002, p.33）であるが，経営学の分野においても同定義が定着していると考えられる（松本, 2019）。薄井（2013）によれば，2003年の時点で，実践コミュニティは，知識経営学（knowledge management）の専門家や実務家の間で二番目に重要な概念と言われるほどよく知られた概念となっていた。

　Wenger et al.（2002）は，実践コミュニティが成功するためには，個人の情熱に負うところが大きく，参加を強制しても効果はないとした上で，経営学的な立場からは，実践コミュニティは企業における知識を共有するために，また，知識創造性を高めるために作るべき，あるいは育成すべきとしている。石山（2013a）も，実践コミュニティの生成は自然に生じるだけではなく，一定の前提条件が存在する場合には，モデル化された過程により生成が促進される可能性があると指摘している。また，松本（2019）も指摘している通り，企業の内外において学習を促進させていくためには，学習のコミュニティである実践コミュニティを社内外に構築し，それを基盤にした学習活動を実践していくことが重要になる。実践コミュニティは，企業側が厳格に管理することが，か

えって実践コミュニティの存続や競争優位の獲得に逆効果となる可能性があるため，管理するのではなく，いかに育てていくのかが重要な経営課題となる（小江, 2018）。

このように，実践コミュニティを側面的に生成，育成していくことが経営面で重要となるが，実践コミュニティ概念の研究時期や研究者によって考え方が異なっているという実態がある。松本（2012）によれば，実践コミュニティの概念自体には複数の考え方が存在し，代表的な例として，最初に提唱したLave and Wenger（1991）に基づいたものと，よりナレッジ・マネジメント研究への接近をなしたWenger et al.（2002）に基づいたものでは概念や目的に違いがある。

### 3.2.2　後期実践コミュニティ

当初，Lave and Wenger（1991）によって提唱された実践コミュニティは，知識の共有や知識創造のために実践コミュニティを作ろうなどとは示されていなかった。しかしその後，提唱者の1人でもあるWengerは，共著のWenger et al.（2002）の中で，組織はメンバーやコミュニティだけでなく，組織自身のためにも実践コミュニティを積極的かつ体系的に育成しなければならないとさえ述べている。「実践コミュニティ」という同じ用語を使っていても，最初に提唱したものから概念の解釈が明らかに変化している。もしくは，概念の解釈を発展させていると言うこともできる。後発となるWenger et al.（2002）は，それまでの既存研究とは異なり，戦略上重要な分野で実践コミュニティを育成すれば，企業は知識を資産として，他の重要な資産を扱うのと同じくらいに体系的に扱うことができるようになるとしており，実践コミュニティを企業内で育成することをマネジメントの基盤に据え，方法論を議論しているものである（松本, 2019）。

実践コミュニティの概念を用いた研究では，それらが混在して理解されてしまっているため，一部で誤解されている面があるが，柴田（2017）は，実践コミュニティの概念を時期により分別し，Wenger et al.（2002）以降の概念を「後期実践コミュニティ」と呼んでいる。柴田（2017）がWenger et al.（2002）を境にして明確に分別している理由は，松本（2012b）も述べているように，

Wenger et al.（2002）では，それまでの研究より大きく踏み込んで実践コミュニティの概念をとらえており，既存研究とは概念を大きく異にしている面があることから，理論的混乱を招くと考えているためである。本書において用いる実践コミュニティ概念についても，同様の混乱を避けるためにあらかじめ明確にしておくが，「後期実践コミュニティ」の概念であることとする。理由は，後期実践コミュニティ以前は，状況に埋め込まれた実践コミュニティに関する研究だったのに対して，後期実践コミュニティとなるWenger et al.（2002）以降は，いかにして実践コミュニティを育成していくのかという経営的なマネジメントに重きを置いているためである。

松本（2019）も指摘しているように，Wenger et al.（2002）は，より経営学的な立場，特にナレッジ・マネジメントと知識創造活動において，実践コミュニティを知識の創造・保持・更新の装置として位置づけたマネジメントについて論じた研究であり，特に組織マネジメントの立場から考えれば，何らかの目的のために実践コミュニティを育成する，あるいはそれを含んだ組織構造を考えるということは理にかなった施策である。戦略上重要な分野で実践コミュニティを育成すれば，企業は知識を資産として，他の重要な資産を扱うのと同じぐらいに体系的に扱うことができるようになる（Wenger et al., 2002）ことを踏まえ，本書では，「後期実践コミュニティ」を用いることとする。

### 3.2.3 経営学における実践コミュニティへの批判

後期実践コミュニティを用いることについて，さらに踏み込んで前提となる根拠を明確にしておきたい。なぜかといえば，実践コミュニティの提唱者の1人でもあるLave（2019）が，後期実践コミュニティについて批判しているからである。Lave（2019）の主張は次の通りである。実践コミュニティは，均質で，共有された境界を持つと誤解されがちであるが，そうではなく，変化する人，活動，環境の違いによって形成されるものであり，境界は曖昧である。多様なメンバーとの関わりを通じて，knowledgeability（ナレッジアビリティ）を高めることができるが，間違っていけないのが，高められるのはknowledgeabilityであって，knowledge（知識）ではない点である。なぜならknowledgeは部分的に切り離された，いわば単体の固形物であり，実践してい

るメンバーの頭の中に部分的にしか存在しないからである。他方，knowledgeabilityは，実践コミュニティにおいて，他者との関係性の中で形作られていく「ソーシャルライフ（social life）」と，継続している実践の一部である「学習」が両立して高まっていくものである。知識の積み重ねではなく，自分で何とかする力が身につくことである。

　しかし，経営学においては，実践コミュニティは創造できるとされており，まるで管理するための「HOW TO」マニュアルのように扱われている向きがある。特にWenger（1998）やWenger et al.（2002）などの著書や，Wenger自身が行っているコンサルティング活動では，トップダウンで課せられる実践コミュニティが知識を生み出す可能性があるものとして育成すべきだと奨励され，経営者によるマネジメントによって管理された有用な問題解決ツールと見なされている面がある。

　以上がLave（2019）の批判であるが，本書ではあえて後期実践コミュニティを前提として論を展開していく。Lave（2019）は，経営学における実践コミュニティ研究は，研究者にとって都合よく自由過ぎる解釈をされ，それゆえに状況的学習論の本質を見失っているとしている。しかし本書では，埋め込まれた実践コミュニティだけでなく，管理するためのマニュアルとしてでもなく，ソーシャルライフと学習の両面から，自らでやりくりすることができる力，すなわちknowledgeabilityをいかに高めているかに着目し，分析していくこととしたい。

## 3.3 ┃ 正統的周辺参加

### 3.3.1　実践コミュニティへの参加

　実践コミュニティは，徒弟制と勘違いされることがしばしばある。弟子が親方の背中を見て育つという徒弟制に対し，実践コミュニティの考え方は，熟達というものは親方のみにあるわけではなく，親方も一部として形成されている実践コミュニティの中にあると考えるものである。例えば，弟子は，親方のみならず一緒に学んでいる他の新人たち，あるいは古参の熟練者たちとの間で，

技能や知識をより効率的に身に付けているということがよくあるが，弟子は他の弟子たちからも親方からと同等に，もしくはそれ以上のことを「学習」しているのである（田辺, 2003）。知らず知らずのうちに周囲から「見よう見まね」しているのである。

親方は，実演して見せる熟練者として，知識や技術に関して，多くの資源からなる実践コミュニティの一部を構成しているに過ぎない（上野・ソーヤー, 2009）というところが徒弟制とは異なる点である。学習者が身に付けるべき知識や技能の所在は，熟練者という個人に還元できるのではなく，熟練者が一部となって形成されている人とモノの関係性，つまりは実践コミュニティ自体に存在しているのである（小江, 2018）。したがって，新参者は実践コミュニティへの参加を通じて技術等を身に付けていくのであって，学習が必ずしも「教える」という行為に直接関連しているものではない（渡辺, 2011a）。学習とは本質的には状況に埋め込まれているため，社会的な関係から分離できるものではないのである（田中, 2022）。

このような考え方をLave and Wenger（1991）は，「正統的周辺参加（legitimate peripheral participation）」と呼び，学習者が知識や技能を修得するためには，新参者が実践コミュニティへ参加し，実践を通じて「十全的参加（full participation）」を果たす必要があるとした。つまり，実践コミュニティにおいては，親方ないし古参者が絶対的（中心的）な権力を握っているわけではなく，新参者も一定の権力を有し，古参者とは不断の緊張関係にあり，場合によっては古参者と新参者の入れ替わりも発生し得るのである（石山, 2023）。

Wenger et al.（2002）によれば，優れた実践コミュニティは，様々なレベルでの参加を誘う構造になっており，メンバーは「コア・グループ」「アクティブ・グループ」「周辺グループ」の間を行き来する（**図表3−1**）。岸（1996）は，ほとんどすべてのグループにおいて，何らかの形でインフォーマルな「資格審査」が存在するとし，その結果如何によってグループに入るかを決定するとしている。特に古参者にとって，独自の視点を持つ新参者に参加を認めることは，継続と撤退という相反する葛藤を実践コミュニティにもたらすことになる（Lave, 2019）。

[図表3−1] 実践コミュニティへの参加の度合い

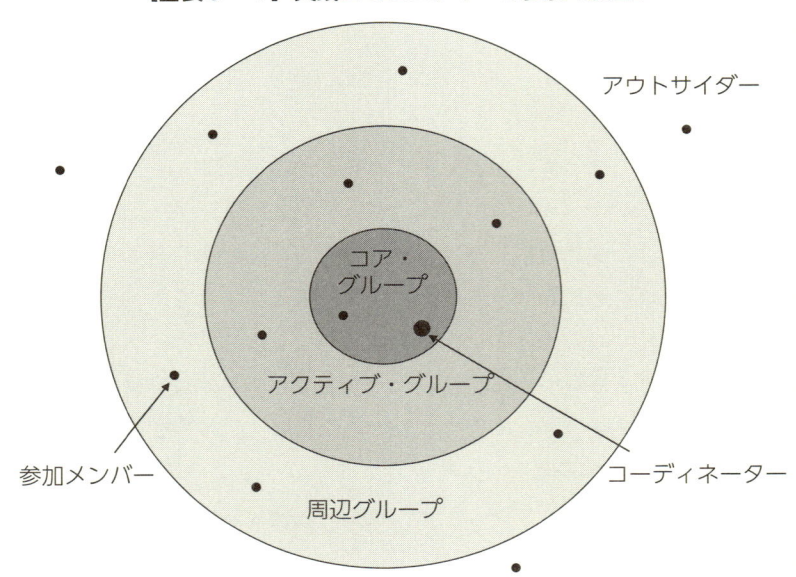

出所：Wenger et al.（2002, p.100）をもとに筆者作成

### 3.3.2　十全的参加

　実践コミュニティには「中心」という概念がない。実践コミュニティ自体に中心が存在しないので「中心的参加」にはならず，「十全的参加」と呼ばれる。十全的参加に至るまでに学習者がたどる軌道は，発達するアイデンティティであり，Wenger（1998）は，十全的参加は一様ではなく一方向でも直線的でもないとし，周縁にいる「不参加という参加」も含めて，実践コミュニティへの関わり方をデザインすること自体が「学習」であるとした。Lave and Wenger（1991）によれば，アイデンティティは，学習者が知識や技能を習得するにつれ，熟練者と自分を重ね合わせ，当該実践コミュニティの一員であるという意識を高めていくものである。何かを知ることは，単に情報を吸収するという問題ではなく，ある知識の存在する社会文化的コミュニティにおけるある特定のアイデンティティを構成して，何らかの人物になるということである（伊藤他, 2004）。

　アイデンティティは，コミュニティへの帰属意識を高めるだけでなく，学習を通してメンバー間の絆を深めていく。学習を通じて学習者のアイデンティティが構築されるわけだが，例えば，新人が実践コミュニティへの参加を通じて，実践コミュニティの関係性の一部となっていく過程の中で，自分の関わり方や立場，そして他者からの自分に対する印象，接し方も変容していく，すなわちアイデンティティが変容していくのである（小江, 2018）。実践コミュニティの一部に「なる」ということに価値を見出しながら，実践コミュニティへの参加を深めていき，技能の獲得と成員のアイデンティティの発達を達成していくことが，正統的周辺参加の基本的な考え方である（松本, 2019）。

## 3.4　実践コミュニティの公式組織との関係と二重編み組織

### 3.4.1　実践コミュニティの規模

　世間には「コミュニティ」と呼ばれるものが多くあるが，すべての「コミュニティ」が実践コミュニティかというと，そうではない（薄井, 2010）。例えば，地域には「コミュニティ」と呼ばれる団体が多数存在しているが，単に近くに住んでいるというだけでは実践コミュニティにはならない。実践コミュニティは明確な境界を持たず，曖昧なため，公式組織との違いはわかりづらいものであるが，規模の面では，どれくらいのサイズが適当だと考えられるのであろうか。Lave and Wenger（1991）では，規模についての明確な記載はなかったが，Wenger et al.（2002）では，数名の専門家だけからなる小規模で親密なものもあれば，数百名のメンバーを擁するものもあり，最大では千名以上のメンバーを抱えている実践コミュニティもあるとしている。

　一方で，トムソン（2017）は，「実践」を共有するのが実践コミュニティであり，その「実践」はメンバーが参加する中から生まれてくるため，メンバーが多すぎては共有をうまく行うことはできないと指摘している。柴田（2017）は，実践コミュニティとは，社会生活を体験し，その体験を形にすることに関わるプロセスを共有する集団であることから，実践コミュニティの3つの構成要素，すなわち，「相互関与」「共有領域」「共同の企画」により一体性が保た

れていなければならず，数人から数十人が適正であり，あまり大きな規模には
なり得ないとしている。実際のところ企業を念頭に考えてみれば，実践コミュ
ニティ内で互いの存在を知らなかったり，コミュニティの開発のために時間や
資源を傾けられたりしなければ，実践コミュニティは発展しないとWenger et
al.（2002）が述べていることからも，数人から数十人規模，最大でも，実践コ
ミュニティ内の参加者全員が把握できるサイズとして，百人程度の規模までが
妥当と考えるべきであろう。

### 3.4.2　実践コミュニティと公式組織の関係性

　では，適切規模であれば，あらゆる社会的なグループや企業を実践コミュニ
ティと考えてよいかという問いに対してWenger（1998）は，厳格に実践コ
ミュニティを定義する（例えば，サイズ，継続時間，近接性，交流量，活動の
タイプなど）ことは概念の有用性を低くするため必要ないとしながらも，企業
全体を実践コミュニティとみなすことには後ろ向きである。田辺（2003）は，
実践の現場は制度にあるのではなく，人々が参加している現場そのものであり，
実践が行われる場が制度の組織する空間に一致する場合もあるが，ほとんどは
その内部の一部であったり，あるいはその外部にまで広がっていたりしている
ものだとしている。企業などの公式組織は，それぞれが掲げる目標の達成が目
的であるのに対し，実践コミュニティの学習は，公式組織の成果および効率を
上げるための手段である（松本, 2013b）。

　企業を公式組織とすれば，実践コミュニティは公式組織の中に様々な形で生
命を吹き込む存在であり，いわば公式組織の資産である（薄井, 2013）。企業全
体を単体として見たときに，偶然にも1つの実践コミュニティと一致すること
はあるかもしれないが，あらゆる企業の単体を常に実践コミュニティとみなす
ことは適切ではなく，実践コミュニティは公式組織の内外に非公式に存在する
と考えられる。

### 3.4.3　多重成員性

　McDermott（1999）は，公式組織と実践コミュニティを組み合わせた「二
重編み組織（double-knit organization）」の概念を提示し，実践コミュニティ

は部門の枠を超えた公式組織を結び付け，互いに体系的な学習ができるよう
チームの限界を補う存在で，より良いマネジメントをできるようにするとして
いる。Wenger et al.（2002）は，実践コミュニティの参加者は公式組織にも
同時に所属するという多重成員性（multi-membership）が学習のループを生
んでいるとした。

　二重編み組織では，公式組織で活動するメンバーが直面した課題等の解決策
を非公式の関係性としての実践コミュニティの場に持ち込み，他のメンバー間
で議論，対話の上，新たな知識として学習した課題解決策の案を，再度，公式
組織の場におけるメンバー間で議論，対話することでバージョンアップさせる
という学習のループを繰り返し，最終の解決策が決定されることになる。公式
組織とともに実践コミュニティがその学習活動を通じて組織内の知識を保持し，
また更新，創造していくことで，多重成員性のサイクルモデルにより学習が促
進されることになる（松本, 2012a）。二重編み組織の考えから，公式組織と実
践コミュニティは別物であり，両者は一致しないが，両者の機能は持続，併存
することができる（相原, 2022）。

　多重成員性を構成する複数の成員性は，学習者がある実践コミュニティから
別の実践コミュニティに移るたびに，仮面のように交換することができるよう
な断片化した性質を持つものではなく，相互に密接に連関した統一性，全体性
を持つものでなければならない（高木, 1999）。実践コミュニティにおいて独自
性の高い知識が創造されても，知識が外部に伝播されなければ，せっかく創造
された知識が有効に活用されないことになってしまうが，実践コミュニティの
知識を越境して仲介する役割を担うのがナレッジ・ブローカーである（石山,
2016）。越境は，部門・企業・地域における境界を越えて移動することであり，
越えた先の人や人工物と相互作用することで学びが生まれる（松本, 2018）。

## 3.5　実践コミュニティにおける意味の交渉

### 3.5.1　意味の交渉のプロセス

　実践コミュニティは生成された後，どのように形成され発展していくのであ

ろうか。まず，実践コミュニティの構成要素について確認する。Wenger（1998）は，実践とコミュニティを結合するために，コミュニティが一体となる源泉が実践であることの3つの側面を提示している。「相互関与（mutual engagement）」「共同事業（joint enterprise）」「共有されたレパートリー（shared repertoire）」の3つである。

　実践を共有する人間の集団である実践コミュニティの参加者同士の「相互関与」は，「意味の交渉（negotiation of meaning）」のプロセスである（柴田，2017）。意味の交渉は，「参加（participation）」と「物象化（reification）」のプロセスが相互に作用する中で起こるものであり，参加と物象化は意味の交渉における二重性を有する基礎となっている。薄井（2013）は，実践コミュニティの基礎は人間同士の意味の交渉のプロセスにあるとし，意味の交渉は，他者とのやりとりの中で形成されていくものとしている。

### 3.5.2　意味の交渉と組織文化の関係性

　意味の交渉と，本書のテーマである組織文化においても，密接な関係性が見られる。Geerts（1973, p.6）は，「人間は自分自身がはりめぐらした意味の網の中にかかっている動物であると私は考え，文化をこの網としてとらえる」と述べている。組織における人々が共有する「意味」は，まさに組織文化を意味しているのであり，常に，自分および他なるものの世界を対象化しつつ生きるという人間の存在本性に根ざし，組織における人々は，共有する意味としての文化を創発し創造する（小原，2007）。

　実践コミュニティにおける意味の交渉のプロセスについては，柴田（2017）が，実践コミュニティへの参加やそこでの対話，非言語コミュニケーションを通じて得た体験を，時間をかけて形に変え，自身のコンテクストを修正するプロセスだとしている。意味の交渉とは，静的なプロセスではなく，活動として生じるものであり，世界を変化させ，ジレンマを解消し，目標を達成するプロセスである（伊藤他，2004）。同様に田辺（2003）は，実践コミュニティにおいて，実践の行為者は交渉によって「意味を所有する」ことになるとし，一つひとつの出来事や発話は最初から所定の意味を持っているのではなく，当事者たちが互いに議論し，協調する中でそれらの持つ意味の正統性がはじめて確定す

るとしている。意味の所在は所与のものではなく，社会的に構成されるのである（伊藤他, 2004）。

### 3.5.3　コード・モデルの限界

　意味の交渉の「意味」について，薄井（2010）は，コードによって一意的に規定されたり辞書に閉じ込められたりするものではないとしている。薄井（2013）によれば，コード・モデルとは次の通りである。ある意味を他者に伝えようとする場合，それは通常，テクスト（言葉や書き物など）として表現され，テクストが受け手に伝達され，受け手は生成文法のような送り手と共有するコードを参照して意味を理解する。

　意味は本来，特定のコンテクストの下で育まれるものであり，選択されたテクストは，コンテクストと一体のものとして理解されてはじめて，その意味を把握することができるが，薄井（2013）は次の通りコード・モデルの限界を指摘している。送り手が受け手に伝達できるのはテクストのみであり，送り手が，ある意味を伝えようとしてテクストを作成する場合，コンテクストを参照しなければ理解できない意味の部分は失われてしまう。テクストが受け手の側に伝えられると，受け手はテクストをコードに照らして意味を取るだけではなく，自らのコンテクストをも参照して再度コンテクスト化し，意味を解釈するのであるが，それぞれが属するコンテクストは異なるばかりでなく，他者からはその全体を見ることができないため，仮にテクストがコードの通りに正しく解釈されたとしても，送り手と受け手の間では，意味が異なって理解され得るのである。

### 3.5.4　意味の交渉の意義

　意味がコード化だけで伝わるものではないと考える以上，実践コミュニティに参画し，特定のコンテクストを共有することが意味の交渉を最もスムーズにし，加えて，人は実践コミュニティへの関与の中で，形式知も暗黙知も含めた様々な知識を実践的に学び，意味の交渉によって他者との関わりを持つ場合の最もミクロな「社会的世界」である様々な実践コミュニティへの多様な形での参加を通じて，自らの知識やアイデンティティを実践的に形成する（薄井,

2013)。

　実践コミュニティの意味の交渉は，相互の関与による共同の営みを通じて，実践コミュニティメンバー同士が，明示的なものはもとより暗黙的なものも理解できるようになるという特性がある。Wenger（1998）によれば，意味は既存のものではなく，そして，一から構築するものでもなく，すべては「意味の交渉」のプロセスの一部であり，意味とは常にその交渉の産物である。伊藤他（2004）も述べているように，知識は形式知のみならず暗黙知も同時に有しているため，実際の活動や行為を共有していない者にとっては，その知識が実際の活動にどのような意味を与えているのかわからず，文脈や状況がわからない中では，文章やマニュアルが存在していたとしても「上澄み」の情報を流すだけとなってしまい，真の知識の意味を正確に理解することは期待できない。

　実践コミュニティでは，意味は実践の中で生成されるものであり，意味の交渉が積み重なることで，共有の領域に明示的かつ暗黙的な双方の要素が蓄積され，実践コミュニティにおける独自のコンテクストが形成されていく（柴田，2017）。つまり，実践コミュニティでは，いかに意味の交渉が行われるかが重要となる。実践コミュニティ内の個人においては，実践から得た暗黙知も形式知もともに自らの認知環境下のコンテクストを書き換え，コンテクストの一部として頭の中に知識を蓄積していく。このプロセスを巡ることで，個人の知識量は少しずつ増加していくことになる。反対に，いくら詳細なマニュアル類が存在していたとしても，実際に活動の状況を共有していない者にとっては，その知識が実際の活動にとってどのような意味を与えるのかわからないのである（平出，2015）。

　実践コミュニティのコンテクストは，「相互関与＝意味の交渉」の歴史が積み重ねられることにより，共有領域に明示的，暗黙的双方の要素が蓄積されて形成されていく（薄井，2010）。したがって，特定の人物によって，既存の専門知識やマニュアルなど物象化されたモノを利用することだけで成り立っているような活動では意味の交渉は存在せず，意味が固定化され，すでにそれらのコントロール下に置かれていることから，実践コミュニティとは言えない。換言すれば，特定の意味に固定化されず，意味の交渉が機能していれば実践コミュニティだと言えよう。

## 3.6 実践コミュニティにおける文化的透明性

### 3.6.1　文化的透明性概念

　実践コミュニティを理解するための分析概念として，「文化的透明性（cultural transparency）」がある。伊藤他（2004）は，文化的透明性は，正統的周辺参加とともに実践コミュニティを分析するための重要な概念であり，この2つはいわば別の角度から実践コミュニティを論じたものと位置づけられるとしている。文化的透明性とは，実践コミュニティへの参加の契機や人工物へのアクセスのあり方によって，実践の理解の可能性がどのように左右されているかをとらえる概念である（木村, 2010）。

　しかし，実践コミュニティにおける文化的透明性概念の研究は進んでいるとは言い難い。平出（2015）も述べているように，文化的透明性についての論考は少なく，特に経営学の視点で執筆された論文はほとんど見当たらない。平田（2020）によれば，文化的透明性の意義はいまだに等閑にされたままであり，それゆえに徒弟制的な解釈に偏った状況的学習論が独り歩きしている現状は改善されていないという。

### 3.6.2　グラスボックスとブラックボックス

　Wenger（1990）は，文化的透明性の事例として，もしコカ・コーラの瓶が空から降ってきたとすると，コカ・コーラの瓶を知っている人と，一度も見たこともない人とではとらえ方が異なるだろうとしており，はじめて見る人にとっては神聖なものだととらえられることがあるかもしれないと述べている。この例において，Wenger（1990）は，神聖なものだととらえた人にとってのコカ・コーラの瓶は文化的に「不透明」だとし，文化的に不透明な人工物を「ブラックボックス（black-box）」と呼んでいる（反対に文化的に透明な人工物を「グラスボックス（glass-box）」と呼んでいる）。

　ある人工物を見たとき，その人工物が文化的に透明か，不透明かは，実践への参加の状況や，その実践での人工物の使われ方を知っているかどうかなど，

各人の歴史的や文化的なコンテクストによって異なるということを表しているのだが，Wenger（1990）は別の例で，ある保険会社の請求処理係が"調整シート"で機械的に淡々と業務をこなすのみであった状況を文化的に不透明だと呼んだ。保険会社の事例は，Wenger（1990）がエスノグラフィーの手法を用いて調査を実施した際に起きていたことであり，請求処理係は決まった項目に数値を入力すれば自動で計算される「調整シート」を使用していた。調整シートは，請求処理係にとって必要不可欠な人工物であったが，ただひたすら機械的に調整シートを用いて淡々と業務をこなすのみであり，使い方を習熟すればするほど調整シート自体は不可視化され，導入された経緯や，調整シートの作成者の意図，計算式の仕組みなどは誰も知らず，また知ろうともしなかったという現象が起きていた。

　調整シート自体に絶対的な意味や意図があるわけではなく，作成者と請求処理係の人たちがそれぞれに別の意味を持っていたことになる。請求処理係の人たちは，見えている可視性の範囲の中でしか調整シートを活用できておらず，それは作成者が意図する領域には及んでいなかった。請求処理係は，昇給や昇進の可能性が見込まれない職種のポジションであったため，なおさら調整シートへの関心は薄く，そのため保険加入者から給付金額に関する問い合わせを受けても，「給付金額は調整シートに表示されたもの」という回答以上に返すことができず，保険加入者を納得させる対応ができないという問題が起きていた。

　この現象について，高木（1999）は，請求処理係は請求処理業務に習熟し，請求処理係としてのアイデンティティは構築していくものの，自分が従っている請求処理業務の手順やルールがなぜそのようなものとして存在しているのかということを知らされることがないため，誠実に業務を遂行すればするほど，会社から切り離されている感覚に陥ると指摘している。ベテランの請求処理係ですら，調整シートの仕組みがどのような背景から設定されたものかを知らない実態が続いていた。そのような状況下でも，若手よりもベテランの方が請求処理において有能であるのは，Wenger（1990）によれば，逆説的とも思えるが，無知なままであるがゆえのことだとしている。

　しかし，調整シートが文化的に不透明であったがゆえに，実践コミュニティの機能がより活発に働いていたとも考えられる。そもそもブラックボックスが

完全にグラスボックスになることは考えづらいが，実際に調整シートがブラックボックスであったことで，メンバーたちは顧客からの問い合わせに対応するためにはどうしていくべきかをランチなどで話し合うようになった。同様のことは，あらゆる職場，家庭，また日常生活の中で無意識のうちに起きていると考えられる。ある人工物を見たときに，その人工物が文化的に透明か不透明かについては，実践コミュニティへの参加の程度によって異なる。あるいは，実践の中で人工物が用いられ，語られる場面へのアクセスのあり方に依存したものである（上野・ソーヤー，2010）。人工物の意味は，人工物が使用されているコンテクストに左右されるためである。

### 3.6.3　文化的透明性と文化的不透明性のバランス

　文化的透明性と文化的不透明性の関係を考えるにあたり，アクターネットワーク理論は無関係ではなく，把握しておかねばならない。アクターネットワーク理論は，自然界のあらゆるものを常に変わりゆく作用のネットワークの結節点として扱うものである。つまり，万物をネットワークの構成要素として社会や人と同等に扱うという考え方で，固定的ではない流動的なものである。Latour（2019）はアクターネットワーク理論を，人やモノが社会の構成要素ではなく，人やモノがつながることで社会が形成されるとしている。重要なのは，人やモノなどの様々な存在を人間によってただ解釈されたり，利用されたりするだけの受動的な位置に置くのではなく，ともに「社会」を構成する「メンバー」としてとらえるという点であり，アクターネットワーク理論は，脱人間中心的アプローチ（non-anthropocentric approach）とも形容される（栗原他，2022）。

　文化的透明性においても人とモノの関係性に着目し，実践コミュニティへの参加において，学習を通じて関わる道具をはじめとする人工物が分析に用いられている。身の回りにたくさん存在している人工物や道具が，文化的に透明か不透明かについては，Wenger（1990）によると，透明もしくは不透明である，というような絶対的に確立された二項の関係ではなく，あくまでも相対的な関係だとしている。調整シートの例においても，文化的透明性と不透明性は混在しており，どちらか一方の状態になるということは考えづらい。相対的な関係

であるため，必ずしも人工物を可視化すればよいという単純な話にはならない。人工物を通してある文化的世界が見えているということは，同時に何かが隠されているということであり，逆に何かが隠されているということは何かが見えているというように，人工物自体の可視性はバランスによって規定されるものである（高木, 1999）。

　以上のように，文化的透明性の概念は，透明性か，あるいは不透明性かというような絶対的に独立した二項で考えるべきではなく，相対的な関係としてとらえるべきである。伊藤他（2004）は文化的透明性について，個人がある実践を遂行していく上で，知識と人工物へのアクセス可能な程度が異なる人々が関係のネットワークの中で，お互いの知識や技能，学習の程度の違いを補完することがどこまで可能になっているかだとしている。

### 3.6.4　バウンダリー・オブジェクト

　実践コミュニティ間におけるそれぞれの視点をつなぐものは，バウンダリー・オブジェクト（boundary object）と呼ばれる。バウンダリー・オブジェクトとは，例えば，先に挙げた保険会社における請求処理係の調整シートのような人工物を指し，その他にも，文書，用語，概念，および複数の実践コミュニティが相互に接続することを組織化できる物象化の形を言う（Wenger, 1998）。意味の交渉によって，異なる組織間のコンフリクトの解決とともに，目には見えない新たな価値を見出し，さらにそれを物象化して共同の企画やバウンダリー・オブジェクトを創造することで，組織間協働を推進することが可能となる（松本, 2011）。

　バウンダリー・オブジェクトを創造することができれば，実践コミュニティ内での世代の壁を超えた学習や，異なる組織とのつながりを可能にすることもできると考えられる。しかし，バウンダリー・オブジェクトが実践コミュニティの境界を越えて持ち込まれることは，他の実践コミュニティで脱コンテクスト化されて物象化された人工物が，こちらの実践コミュニティにおいて再コンテクスト化された上で理解されるということを意味し，文化的透明性を欠く傾向が強い（薄井, 2010）。柴田（2017）も同様のことを指摘しており，人工物がバウンダリー・オブジェクトとして境界を越える際には，文化的コンテクス

トが抹消される必要があることを意味するとしている。

## 3.7　心理的安全性

　実践コミュニティの概念自体とは異なるが，「学習」の観点で共通点を持つ「心理的安全性」という概念がある。心理的安全性がある集団とは，メンバー同士が健全に意見を戦わせ，生産的でよい仕事をすることに力を注げるチームや職場のことである。心理的安全性を確保する最大のメリットは「チームの学習」が促進されることである（石井, 2020）。心理的安全性は，個人間ではなく，職場集団の中に存在するが，チームリーダーの仕事は，心理的安全性をつくって学習を促進し，回避可能な失敗を避け，高い基準を設定して人々の意欲を促すことであり，人々が率直に発言し，活発に議論し，学習に全力を傾け続けることができれば，素晴らしいことが起こる（Edmondson, 2021）。

　例えば，チーム内の上司や同僚に対して，思ったことや考えたことを発言するためには，何を言っても否定されない雰囲気が必要となる。具体的には，恥ずかしい思いをするのではないか，仕返しされるのではないか，という不安なしに懸念や間違いを話すことができると確信している状態である。職場に心理的安全性があれば，グループや部署を越えた団結が可能となり，斬新なアイデアが共有されるなど，心理的安全性は価値創造の源として絶対に欠かせないものである（Edmondson, 2021）。

　よくあるコミュニケーションとして，できるだけ相手が望む回答に忖度するあまり，真に自分で考えている提案ができないということが起きる。高コンテクスト文化である日本では「空気を読む」ことが重視されるため，心理的安全性がなければ「個」を出しにくくなり，せっかくのアイデアも披露することができなくなる。逆に心理的安全性があれば，個々の多様性が発揮できる職場になると考えられる。では，仲が良い職場は心理的安全性があると考えてよいかと言えば，そうではない。石井（2020）は，心理的安全なチームとは，外交的であることでも，アットホームで結束した職場のことでも，すぐに妥協する生ぬるい職場のことでもないとし，必要なことを発言したり，試してみたり，挑戦してみたりしても安全（罰を与えられたりしない）と認識されていることだ

としている。

　その上で石井（2020）は，心理的「非」安全な職場の問題点として次の2点を挙げている。「挑戦することがリスクとなるため，実践し，模索し，行動することから学ぶということができなくなる」「個々のメンバーが気づいていたり，知っていたりすることを，うまくチームの財産へと変えることができない」である。心理的に非安全な職場は，当然ながら学習は行われず，実践コミュニティも形成されないと考えられる。反対に，心理的に安全な職場であれば，実践コミュニティが形成されやすくなると言えよう。心理的安全性がある職場とは，心理的安全性をつくろうとすることではなく，活発な議論がなされ，継続的な「学習」が積み重ねられた結果できるものだと考えられる。

## 3.8　実践コミュニティの定義

　実践コミュニティの考え方は，研究者や研究された時期によって異なるが，本書で用いる実践コミュニティは，後期実践コミュニティを前提とし，「自然発生的に生成される非公式の関係性の場において，意味の交渉がなされ，学習が行われている集団」と定義する。

　メンバー全員が目標に対して同じ考えを持ち機械的に一様な動きをする組織よりも，様々な考えを持つ知識や技能もバラバラであるメンバーが緩やかなネットワークでつながっている実践コミュニティの方が，多様性（diversity）に順応しやすいと考えられる。実践コミュニティでは，独自のアイデンティティを持つ各メンバーが常に「学習」している状態にあり，そのため，何か新しいものを生み出す，あるいは目標以外のものを生み出すという視点においては大変魅力的で，期待が持てる。

注

1　佐伯（1999）によれば，"状況に埋め込まれた（situated）"という言葉を流行らせた本家本元は，Lave and Wenger（1991）ではなく，Suchman（1987）である。原著の刊行はSuchmanが先であり，Lave and WengerがSuchmanと同じ思想を継承しているのだが，邦訳の順番が逆になったため，日本ではLave and Wenger（1991）の方が著名となってしまっている現象が起きているという。

# 第4章

# リサーチクエスチョンの設定と分析方法

## 4.1 組織文化形成による組織マネジメント

　組織には，組織文化を築き上げてきた歴史があり，それゆえに特性があるが，どの組織にも共通して言えることとして，それらの組織文化が未来永劫まったく変わらないということはない。なぜならば，組織を取り巻く外部環境は常に変わりゆくものであり，さらに，異なる文化を持つ人材が採用されることもあれば，長年にわたり組織文化を保有していた人材が退職することもあるからである。Kotter and Heskett（1994）も，多くの危機，主要メンバーの退任が組織文化を永続させるメカニズムの喪失といった条件と重なると，文化を消滅させ，あるいは衰退させることもあり得るとしている。また，組織内では全社文化のみならず，サブカルチャーも次々に生成，形成されている。サブカルチャーが強くなりすぎると組織文化の逆機能が起こる可能性もあり，そうすると組織文化自体が想定外に大きく変わりかねない。したがって，企業間合併や，組織改革，組織再編を達成させるためには，組織構造の再構築のみならず，同時に組織文化の変革も意識する必要があり，全社文化とサブカルチャーのバランスを保つことが大変重要となる。

　組織を同じベクトルに向かわせる明確な「経営理念」は組織文化の一部と考えられ，組織文化と経営理念は組織の根底で強固につながり切り離せないものである。経営理念は企業の理想像として経営者が推進することが多い一方，組織文化は組織全体で創り上げられるものであり，両者は複雑につながっている

ものである。本書では，経営理念の浸透から組織文化形成に至るまでの社員間の言動，つまり，ボトムアップの視点に着目することが重要だと考えている。ボトムアップの視点が重要と考えるのは，組織文化は経営者からの指示命令によるものではなく，社員レベルから創り上げられていくものであり，実際に組織文化を形成することも，深化させることも，はたまた抵抗することも，社員が中心となるからである。

　すでに多くの研究者が，経営理念と組織文化の関係性について言及している。代表的なものは次の通りである。奥村（1994）は，経営理念の中でも特に「行動指針」は，職場の雰囲気としての経営風土を規定するものであり，企業独自の価値観，すなわち組織文化を生み出すとしている。渡辺（2011b）は，多くの組織成員が，価値観を基礎とした行動指針にしたがって成功体験を経験することにより，それらが「組織文化」として全体性を帯びてくるとしている。梅澤（1994）は，経営理念が確立すると，その会社の体質（社風や風土＝組織文化）は経営理念に反映した性格のものになるとしている。伊丹・加護野（2003）は，経営理念とは，本当に組織文化の一部になったときに組織の内部に根付くものであり，経営理念が組織文化の一部になるということは，組織の人々の間に経営理念が浸透するということを意味するとしている。田中（2016）は，例えば，経営理念が浸透したことにより，「自由で挑戦的な組織」「和を尊重する家庭的な組織」というような企業独自の組織文化が出来上がるとしている。

　これらからわかるように，経営理念が浸透し組織文化が強くなっていくと，組織全体が一貫した信条や考え方を共有した状態となり，社員一人ひとりが強制されるのではなく，自然体で共通した言動を取れるようになり，その結果，組織マネジメントが働くようになる。経営理念の浸透については，「強い文化」論に代表されるマクロ的な視点のみではなく，経営者以外の社員にもどのように浸透していっているのかといったミクロのレベルでの実態を考察しなければ，組織文化の形成を説明することは不可能である。実践コミュニティは組織文化との親和性も高く，ミクロのレベルで考察することができる。組織文化が形成されるためには，学習の共通体験が必要不可欠であり，学習の共通体験を考察するためには，実践コミュニティに着目することは相応しい。

## 4.2 先行研究レビューの限界

　第2章と第3章において，組織文化および実践コミュニティに関する先行研究をレビューしたが，次に掲げる通り限界も明らかになった。

　組織文化に関する先行研究をレビューする中で，大企業，中小企業を区別しているものはほとんど見当たらなかった。理由として，組織文化は企業の規模によらず，大企業，中小企業ともに存在するものであるからだと考えられる。ただし，中小企業は大企業に比べて組織文化の規模，範囲も小さい分，経営理念の浸透度や，組織文化の全体像，組織文化は強いのか弱いのか，そしてサブカルチャーや逆機能の有無などを把握しやすい。組織文化によるマネジメントが重要であることに鑑みても，組織文化を構成するメンバーの「学習」状況を掌握しやすいということは，中小企業のメリットだと考えられる。

　大企業のみならず中小企業も，常に組織の改革を余儀なくされている現状において，組織文化の役割を理解しながら，既存の組織文化を改革し，新たな組織文化を創造してマネジメントしていく必要に迫られている。ところが，組織文化は絶え間ない学習を通じて，アクセルやブレーキの機能を駆使しながらあらゆる状況や環境の変化を適正水準に落ち着かせていけるのか，疑問は残ったままである。特に海外展開を行う中小企業が珍しくない現代において，高コンテクスト文化の代表である日本企業が，低コンテクスト文化の海外諸国の人々とどのように組織文化を移転，融合していくのかを解明していくことは，喫緊の課題である。また，組織文化形成のためには「学習」が不可欠であったが，組織文化の機能や役割，そして経営理念，特に下位概念の経営理念の浸透から組織文化が形成されること自体はわかったものの，中小企業はどのように新しい組織文化を形成していくのかはわかっていない。総じて経営学上の組織文化の機能や役割，組織文化と経営理念の関係性，そして課題の提示にとどまってしまっており，これだけでは中小企業特有の組織文化の形成については解明できない状況である。

　分析には，組織文化という暗黙知を多く含んでいるものでも有効である実践コミュニティを用いることとしたが，実践コミュニティの先行研究レビューで

は，中小企業に特化した内容は見当たらず，かつ，内容のほとんどが実践コミュニティの機能のうちにとどまっている。後期実践コミュニティに関する研究も発展途上と言わざるを得ず，文化的透明性の概念についても，経営学に応用できるのかはまだはっきりとはわからない状態である。

　本書では中小企業にフォーカスしているが，組織文化に関する先行研究も，実践コミュニティに関する先行研究も，中小企業に特化したものはほとんどなく，むしろ大企業を前提としたものが大半であった。したがって，中小企業の組織文化形成に関する研究は，とても十分な知見が蓄積されているとは言い難く，中小企業が実践コミュニティを活用して組織文化を形成するメカニズムについては，ほとんど解明できていない状況である。

## 4.3 　リサーチクエスチョンの導出と分析視座の設定

　先行研究レビューの限界を踏まえた上で，本書の目的である「中小企業において，外部環境の変化に適合し，異文化と融合しながら，いかにして新しい組織文化を形成していくことができるのか」を明らかにするために，以下の通りリサーチクエスチョン（Research Questions）を導出した。

---

[リサーチクエスチョン]

　中小企業では，どのように経営理念が行動レベルにまで浸透し，組織文化の中核を守りながら，新しい組織文化を形成していくのであろうか

---

　そして，リサーチクエスチョンに解を得るために，以下3つの分析視座を設定する。

---

[分析視座1]

　中小企業における経営理念が実践コミュニティを通じて浸透し，組織文化として形成されるプロセス

[分析視座2]

　中小企業において，組織文化を海外子会社に共有，移転させていくための組織マネジメント

> [分析視座3]
> 　中小企業における経営理念浸透から組織文化形成に至るプロセスにおいて，文化的透明性が持つ意義

　まずは，中小企業における組織文化形成に至るまでのプロセスに着目し，［分析視座1］を設定する。中小企業において，経営理念が浸透し，組織文化として形成されるプロセスを，事例対象企業における実践コミュニティの観点も交えて解明したい。

　次に，中小企業における組織文化を海外子会社に共有，定着させるための組織マネジメントに着目し，［分析視座2］を設定する。昨今，中小企業のビジネスの範囲は急拡大しており，海外進出することも珍しくなくなっていることから，海外子会社を対象とした分析を進めていく。

　最後に，組織文化形成に至るまでのプロセスにおいて，文化的透明性がどのような意義を持っているのかを分析するために［分析視座3］を設定する。経営学においても文化的透明性を応用できるのかを確かめたい。

## 4.4　分析方法

　組織文化，実践コミュニティのそれぞれについてはすでに多くの先行研究があるものの，中小企業の組織文化における実践コミュニティが果たし得る役割については，ほとんど明らかにされておらず，研究は発展途上である。そこで，リサーチクエスチョンと分析視座を解明するために，次のような分析方法を用いることとする。

　組織文化形成については，暗黙知をはじめとする目に見えないことが多く取り扱われるため，まずはヒアリングやインタビューなどの質的調査による事例分析が有効であると考えている。特に暗黙知を扱うことに優れている実践コミュニティ概念は，経営・マーケティングにおける具体的な行動・実践の質的分析に対して運用可能な概念である（平出，2015）。

　加えて，質的調査を補強する目的から，事例対象企業の経営者を含む社員を対象に，アンケート調査による定量的分析も併せて行うこととする。質的調査

と定量調査は相互補完の関係にあり，定量調査は，質的調査だけではわからなかったことが発見事実として出てくることにも期待ができる。

# 第5章

# 事例研究Ⅰ
# 経営理念浸透から組織文化形成

## 5.1 スワニーの概要

### 5.1.1 沿　革

　本章では，株式会社スワニー（以下，スワニー）の国内本社における経営理念の浸透から組織文化形成に至るまで，中小企業の観点から定性的に分析する。スワニーは，全米で8年連続売り上げNo.1を誇るスキーグローブに代表される手袋を製造する，世界規模の戦略を持ったグローバルな中小企業である。グローバルな展開を概観すると，日本で企画を行い，アジアで製造し，そして世界で販売している。国内では，有名ブランドメーカーの手袋を委託製造販売している。本社がある香川県東かがわ市は，全国有数の手袋の産地であり，その中でもスワニーはトップクラスのメーカーである（**図表5－1**）。

　スワニーは1937年，前会長である三好冨夫氏が個人で創業され，1978年に現相談役の三好鋭郎氏が代表取締役社長に就任，その後継として，2009年に現在の代表取締役社長である板野司氏が就任した。板野社長は三好相談役の3人の子女のうち3番目の子女の婿にあたる。海外拠点は，1980年にアメリカのニューヨーク，1984年に中国江蘇省昆山市，1988年に中国浙江省嘉善県，1989年に中国江蘇省太倉市，2005年に中国安徽省青陽県，そして2012年にカンボジアに設立している。

**[図表 5 - 1] スワニーの概要**

| 企業名 | 株式会社スワニー[1] (https://www.swany.co.jp/) |
|---|---|
| 法人設立 | 1950年（1937年創業） |
| 資本金／年商 | 9,000万円／49.6億円（2020年1月期） |
| 代表者 | 板野司　代表取締役社長 |
| 本社所在地 | 香川県東かがわ市松原981 |
| 社員数 | 105名（2020年1月） |
| 主な取扱商品 | スポーツ・ファッション・カジュアル手袋，キャリーバッグ |
| 海外拠点 | 米国，中国（4拠点），カンボジア |

注：資本金／年商，社員数はいずれも調査時点

出所：ウェブサイト等の資料をもとに筆者作成

## 5.1.2　主力製品

　スワニーは，85年もの歴史を持つ手袋事業のほかにも，世界7カ国で特許を保有している。体を支え，杖の代わりの役目も兼ねるキャリーバッグ「スワニーバッグ」も製造している。かつてスワニーは，手袋という商品が季節ものであるため，冬以外は売りにくいという課題を常に抱えていた。UVカットの手袋を開発，販売したり，季節が反対の南半球で営業したりするなど工夫を重ねたが，閑散期という課題を克服するまでには至らない時期があった。しかし，1997年に手袋以外の商品として「スワニーバッグ」が開発され，年間12万個以上を販売する大ヒット商品となった。四輪キャスターのキャリーバッグとして市場を開拓したパイオニア商品であり，高い独創性があるスワニーバッグは，小児麻痺の後遺症で足が少し不自由な前社長である三好相談役が，手袋の営業のために世界を飛び回っていた頃の経験から，「歩く時の支えにもなるバッグ」というコンセプトで企画開発された。

　キャリーバッグの業界では「支える機能のオンリーワンブランド」として認知されている。一般的にキャリーバッグは，旅行や出張など遠出をするときに利用されるが，スワニーバッグは近所への買い物など，日常生活で用いられることを想定し製造されている。高齢者や足が不自由な方などは，散歩のお供として活用もされている。杖を使った散歩には抵抗があっても，スワニーバッグ

があれば外出できるという利用者は多い。スワニーバッグは，体を支えられるように設計された湾曲ハンドルや，スイスイ動くキャスターがスイッチ1つで風車のような形にロックされ，ストッパーとなることが主な特長だが，その他にもバッグが取り外せるタイプや，簡易な折り畳み式の椅子が備え付けられているタイプなど，様々な工夫の施された商品が開発されている。スワニーバッグ利用者には，「お客様に寄り添うサービス」を提供しており，例えば，積極的にスワニーバッグの修理依頼を引き受けたり，店頭でバッグの状態を診断したり修理したりする「診断会」も全国各地で定期的に行われている。

　また，手袋，スワニーバッグ以外にも，世界最小クラスの車椅子「スワニー・ミニ」も開発，販売されている。スワニー・ミニは，畳むと一般的な車椅子と比較して全長が30センチ短くなり，幅はたった22センチと持ち運びに便利である。使用時も一般的な車椅子より6センチ狭く，自動車の後部座席に積み込めるほどコンパクトだが，車椅子の座席幅は標準と同じ40センチを維持している。試行錯誤を重ね，10年かけて車椅子の不便さを解消してきた。2007年には，「第2回ニッポン新事業創出大賞（アントレプレナー大賞部門）最優秀賞」を，2012年には，「四国でいちばん大切にしたい会社大賞」を受賞している。さらに，SDGsにも積極的で，環境配慮製品の開発・設計や天然資源の持続的利用，3Rの促進や廃棄物の燃料化などに取り組んでいる。2020年には，健康経営優良法人にも認定されている。

## 5.1.3　理念経営

　スワニーの最大の特徴は，「社員本位の経営」である。例えば，業務上関連するメンバーで構成された10名程度のチームで実施している「高度な5S運動」がある。「整理：不用品や職場のムダをなくす」「整頓：モノ探しと運搬のムダをなくす」「清掃：清掃のムダをなくす」「清潔：改善の不徹底によるムダをなくす」「躾：ルールを守らないことによって発生するムダをなくす」について，自分たちで問題を見つけ，チームごとに改善を図っている。ベースには，理念の存在が大きい。スワニーの理念には，企業理念（パーパス）「世界中に，あたたかさを届ける」と，経営理念として社是，スワニー憲章，クレド（信条）がある（**図表5−2**）。社是とスワニー憲章は経営者が制定したものだが，ク

レド（信条）は，社員がプロジェクトチームを立ち上げて自発的に創られたものであり，上司・部下の関係であるタテのつながりだけでなく，部署，役職，世代を超えたヨコのつながり（連携）も強い中小企業である。

[図表5-2] スワニーの経営理念

| 社是 | 自分のために：社員とその家族の利益と幸福を実現します。<br>社会のために：顧客，取引先，株主の信頼に応え，社会の発展に貢献します。<br>世界のために：独自の技術と英知をもって，人類の革新と進歩に寄与します。 |
| --- | --- |
| スワニー憲章 | 顧客満足：お客さまに感動と喜びを与え，安全で良質な商品だけを提供します。<br>公明正大：法令を遵守し，公正かつ自由な競争を実践します。<br>情報公開：社員，株主，利害関係者に対し，適切に情報を公開します。<br>自由闊達：自主性と創造性が発揮できる職場環境を整えます。<br>環境保全：地球環境に配慮し，資源の節約と有効利用に努めます。<br>社会貢献：地域社会や業界の活動に，積極的に参画します。<br>人権尊重：人種，民族，国籍，宗教，信条，性別，社会的身分，年齢，障害による差別をしません。<br>国際事業：現地の法律を遵守し，文化や慣習を尊重して事業活動を推進します。 |
| クレド（信条） | 【明るい挨拶】　私たちは，明るい挨拶で笑顔あふれる会社にします。<br>【感謝】　私たちは，いつも「ありがとう」を言葉にします。<br>【初心】　私たちは，初心を忘れず自分を信じて行動します。<br>【チャレンジ】　私たちは，チャレンジを続け，自分の成長につなげます。<br>【チームワーク】　私たちは，信頼し協力し合える仲間たちを大切にします。<br>【自由闊達】　私たちは，自由に意見を出しあえる活気あふれる会社にします。<br>【モノづくり】　私たちは，愛される商品をつくり，喜びと感動を共有します。<br>【グローバル】　私たちは，常に広い視野を持ち，世界の仲間と共に歩みます。<br>【素直】　私たちは，周りの意見を尊重し，素直な心で行動します。<br>【変革】　私たちは，新しい可能性を見出し，自ら変革し続けます。 |

注：スワニーの経営理念は，社是が上位概念，クレド（信条）が下位概念

出所：スワニー本社の掲示物をもとに筆者作成

## 5.2　経営理念の下位概念

　スワニーにおける経営理念浸透から組織文化形成に至るまでを分析するために，まず，ヒアリング調査を行った。スワニーの国内本社で，経営理念が社員間にどれほど浸透しているのか，そして，組織の活動に体現されるように，どのようなプロセスを経ているのか，ヒアリング調査の結果をもとに分析する。本ヒアリング調査では，スワニーの経営理念，その中でも特に下位概念の行動指針にあたるクレドに着目して行った。クレドに焦点を当てた理由は，経営理念の浸透が組織文化を形成していく過程で，広く社員に触れる機会が多い行動指針や行動規範など下位概念が特に重要であるからである。それに当たるのがスワニーではクレド（信条）である。ヒアリングは，2020年2月21日，スワニー本社にて，幹部から社員に至るまでのクレドとの関わりについて全体像を把握し，かつクレドができるまでの経緯を詳しく知る板野司代表取締役社長に半構造化面接法で実施した（**図表5－3**）。ヒアリング調査結果の主な内容をまとめたのが**図表5－4**である。

### [図表5－3] ヒアリング調査の概要

| | |
|---|---|
| ヒアリング対象者 | 代表取締役社長　板野司氏 |
| 実施日 | 2020年2月21日 |
| 場所 | スワニー本社（香川県東かがわ市） |
| 調査方法 | 半構造化面接法 |

出所：筆者作成

[図表5－4] ヒアリング調査結果の主な内容

| | |
|---|---|
| 組織文化／経営戦略 | ● 「社員本位の経営」を掲げており，オープンなコミュニケーションが交わされている。人として尊重される分け隔てない平等な組織文化がある。社長は自らを「社員長」と呼んでいる。<br>● 社長に就任時，創業時の精神を理解すべく，昭和初期の頃の社内文書を読み，会社として何を大事にしてきたのかを学んだ。これまで受け継いできたことを研究し，これからどうすべきかを考え，またそれらをお客様にわかってもらうことも重要だと考えている。<br>● 中間管理職という考え方がなく，経営会議メンバーの部長以上の9人以外はフラットな関係にある。超長期戦略と人事情報以外は，経営会議の内容や月次決算も含めてすべて社員に公開している。<br>● オープンな風土から，社員同士もお互いの家族構成や趣味など含めてよく知った関係である。現代社会はプライバシーや個人情報保護の動きが強まっているが，ルールで縛ってしまうと社員同士の関係が希薄になってしまう。<br>● 地方の中小企業だからできるのかもしれないが，「これを聞いたらハラスメントになるのではないか」と考えることなくコミュニケーションが取れるレベルの関係性を築き上げることが重要と考えている。実際に，わからないことがあれば，先輩にも社長にも気軽に聞きやすい雰囲気が醸成されている。<br>● 経営戦略を維持するためには，組織としての規模は現在の100人程度が最適であると考えている。100人程度であれば，必要な時に全員と話すことができるが，それ以上になると難しくなる。 |
| 経営理念／クレド（信条） | ● クレドは幹部がほとんど関与せずに社員が約1年かけて創り制定した。2010年，クレド作成プロジェクトが立ち上がり，まず，社員全員が企業の理想像について作文を書いた。その中からキーワードを取り出してまとめ，社員目線でのあるべき企業の姿，目指すべき方向性を示したのがクレドである。<br>● 社是，スワニー憲章は以前から存在したが，経営者が制定したものである。一方で，クレドは，社員が中心となって創り出したことに意義がある。<br>● クレドは，現場レベルに浸透させることが重要であるが，「クレド委員会」が様々な活動を実施している。例えば，週に1度実施している理念朝礼では，あらかじめチーム分けし，週ごとのクレドに関するテーマについて議論し，意見をまとめて発表している。理念朝礼の参加者は社内に限定していない。社外の方も参加可能で，地元住民の方が参加される場合でも，社員のグループに実際に入って議論に加わっていただいている。社外からいただくご意見により社員が考えることにつながり，それらが刺激や反省となり，社内での行動がだんだんと揃ってくる。 |

| | |
|---|---|
| | ● 2019年, クレド委員会は制定して10年を迎えるクレドについて, ①クレドの意味を再認識する, ②クレドの本来の意味を浸透させることを目的に, クレドの見直しを行った。<br>● クレドが社内全体に浸透するようになると, モラルが向上し, 離職者も減ってきた。他方で, 最近は社員にとって居心地が良すぎているのではと危機感を持っている。社長としては, 社員同士が切磋琢磨し, 歯を食いしばってがんばるような活力ある会社にしていきたいと考えている。 |
| 企業内横断プロジェクト | ● クレド委員会以外にも社員が企業内横断のプロジェクトチーム制で動くことは多く, 例えば「高度な5S活動」では, 小グループが月2回集まり議論し, まとめたものを社内コンクールで発表している。<br>● 部署間を越えた社員同士で感謝の気持ちをカードで伝える「ありがとうカード運動」を実施している。社内のコミュニケーションが良くなり, カードをもらった社員はモチベーションが上がっている。カードは社員に渡った後, 社内共有スペースに掲示している。<br>● 同好会もある。部署や年齢を越えて社員が交流することで一体感が生まれ, 仕事にも良い影響を与えている。その他, 花見, 忘年会, 週末の家族同伴でのイベント, 社員旅行なども社員が自発的（性）に企画し, 毎回盛況である。<br>● プロジェクト化されないような小さなことでも, 誰かが気づけば社内全体に改善を呼びかけ, すぐに集まり結論を出すという文化が根付いている。 |

出所：ヒアリング調査結果をもとに筆者作成

## 5.3 組織体系

　スワニーの組織文化は, 2代目社長の三好相談役の存在によるものが大きい。同氏は足が少し不自由であったが, 手袋を売るために海外を飛び回り, 世界の様々な文化に触れてきた。その時の経験から, 国籍, 人種, 性別, 年齢などによる差別がない文化を目指すようになり, 現在の社員一人ひとりを尊重し, 分け隔てない平等な組織文化につながっている。

　3代目社長である板野氏は, 2代目社長の娘婿であり, スワニーには経験者採用として入社しているが, 社長就任時にスワニーの組織文化を学ぶよう努めていた。スワニーで働きながら得られる組織文化以外にも, 過去にさかのぼり社内文書などを読み漁り, これまで会社として何を大事にしてきたのか, そし

て代々受け継がれてきた文化を研究した。その上で，会社の経営をどうしていくべきかを考え，自分だけではなく，社内に，また顧客にもスワニーの組織文化をわかってもらうことは重要なことだと認識していった。したがって，社員が同じ目線で話し合える文化が醸成されてきた。さらに，社員本位の経営を掲げるスワニーでは，経営に関する事項はごく一部の情報を除いて常に社員にも公開されているため，社員一人ひとりが自社の経営に直接的に関心を持っている。社員には仕事上の裁量も与えられており，商品企画のアイデアなどがあれば積極的に発言でき，社内で改善すべき気づきがあれば，若手社員でも常に声をあげられる雰囲気がある。

　スワニーの組織体系は，部長，課長，主任，一般社員など，いわゆる役職は一応あるが，情報共有は経営会議メンバーの社長および部長の９人と，それ以外の２パターンのみであり，例えば，管理職以上，主任以上に共有するといった使い分けは一切ない。したがって，中間管理職とかミドルマネジメントとかいう発想はない。経営会議メンバー以外でも，超長期戦略と人事情報以外は常に情報共有され，組織体系はフラット型組織である（**図表５－５**）。フラット型組織で社員に共有される情報量は均一であるが，当然のことながら，職歴，経験値などのバックグラウンドは社員ごとに異なるため，歴史的，文化的なコンテクストはバラバラであり，その分活発な議論がされやすい環境である。

**［図表５－５］スワニーの組織構成イメージ**

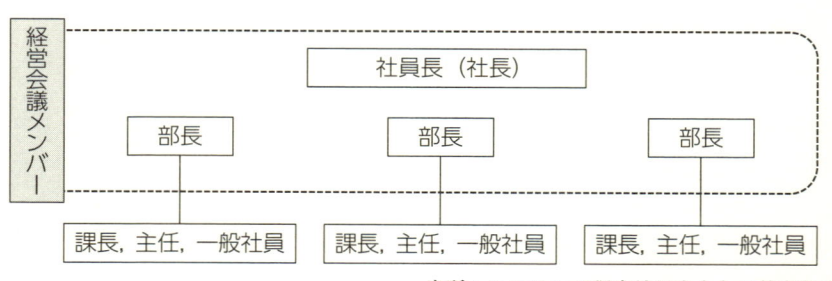

出所：ヒアリング調査結果をもとに筆者作成

　職制上のタテのつながり以外に，社内のヨコのつながりでプロジェクトチームがよく立ち上がることはスワニーの特色である。その代表がクレドの制定で

ある。クレド作成の主体となった「クレド委員会」は，男女問わず，しかも世代も役職もバラバラで，経営幹部を含まない社員のみで構成されたコミュニティである。他にも，花見，忘年会，週末の家族連れイベントなどは，社内の恒例行事として若手社員が自発的に企画しているものであり，決してやらされているものではないという。テニスやゴルフ，釣りなどの各種同好会もある。昼休みには，会社の敷地内にあるテニスコートで汗を流す社員の姿が見られる。このような行事や同好会に参加することで，業務上では直接関わることがない社員同士がコミュニケーションを取り，中には，仕事上の悩みを同好会メンバーに相談する社員もおり，業務上のラインとは別の相談の場としても機能している。

## 5.4 │ クレド浸透活動

### 5.4.1 「クレド委員会」

　往々にして，経営理念は抽象的な表現であることが多く，社員一人ひとりが具体的に理解することは難しい。したがって，これらは明示するだけでは何の意味もなく，社員の経営理念への理解が表面的なものであれば，単なる飾りにすぎなくなる。社員間で存分に同調され，共有され，納得されてはじめて，経営理念として定着し，効力が発揮される。そして，社員自らの思考や言動が経営理念と一致を見るとき，組織文化として築かれていくことになる。そこで，スワニーの経営理念の下位概念，すなわち行動指針でもあるクレドの浸透のプロセスに着目した。

　2010年に「クレド作成プロジェクト」が立ち上がり，クレド委員会は，社員が書いた会社としてのあるべき姿についての1,600字程度の作文から必要なキーワードを抽出し，検討会議を重ねてクレドが制定された。経営幹部はほとんど口を挟むことなく社員主体で創られたクレドは，まさに「社員本位の経営」の象徴であり，社員全員が会社経営への意識を高める効果があった。クレドが完成した当初は，社員全員がクレド作成プロジェクトの経緯を見てきたことや，全社発表会も開催されていたことなどから，社内全体のクレドに対する

機運も高く，社員のほとんどが，クレドが持つ本来の意味を理解した上で行動することができる，すなわちクレドが可視化されている状態であった。しかし，その後それまでの経緯を知らない新入社員が入社したり，職場に飾っているだけの状態が続いたりなど，徐々にクレド本来の意味での社内浸透度は低くなっていき，不可視化されていったと考えられる。時間の経過とともに不可視化されていくことは，ごく自然のことである。そこで，クレドの不可視性を可視性へと働きかけていくことが重要となるが，効果的であったのがクレド委員会による活動である。

## 5.4.2 「理念朝礼」

毎週水曜日，経営理念をテーマにした朝礼がクレド委員会の主催で行われている。月ごとにグループ分けされ，週ごとに設定された経営理念に関するテーマについて議論し，発表を行っている。グループは部署や年齢に関係なく編成されるため，社内にヨコのつながりも生まれている。社内に限らず，地元住民の方々や外部のお客様に理念朝礼に入っていただくこともある。常にオープンで，誰でも参加できる形を取っているのは，普段スワニーの経営理念に触れていない人たちの率直な意見，感想を大事にしたいからである。

短時間の朝礼ではあるが，毎週継続して行われることで各社員は経営理念が持つ本来の意味を想い起こし，社員たちの認識に不足していることがあれば新たな行動指針を生み出している。また，その時々でのコンテクストに合った必要な行動を，新たに学習する効果を持ち合わせている。

## 5.4.3 「ありがとうカード運動」

クレドの1つに「感謝：私たちは，いつも"ありがとう"を言葉にします」がある。この【感謝】の項目の実践活動として，部署を越えた社員間で感謝の気持ちをカードに書いて伝える「ありがとうカード運動」もクレドの浸透に貢献している。ささいなことでも感謝の気持ちを「見える化」して本人に渡すことで，社員同士のコミュニケーションに好影響を与えている。ありがとうカードは本人に渡った後，再度クレド委員会により月単位で取りまとめられ，会社の玄関に掲示している。カードをたくさんもらった社員は表彰されることで，

モチベーションの向上にも寄与している。

## 5.4.4　「クレド見直し活動」

　2019年，クレド委員会は，クレド制定後の約10年間を振り返り，クレドの意味を再認識すること，そしてクレド本来の意味を浸透させることを目的に，今後のクレドについての検討，見直しを行った。社員の目線で見たあるべき姿，目指すべき方向性として，不可視となっていたクレドの内容を中心に見直した活動は，あらためて社員全員がクレドの意味，およびなぜクレドが必要なのかを可視化するきっかけとなった（**図表5-6**）。

[図表5-6] 見直し後の新生クレド（信条）

| 【明るい挨拶】 | 私たちは，明るい挨拶で笑顔あふれる会社にします。 |
| 【感謝】 | 私たちは，いつも「ありがとう」を言葉にします。 |
| 【初心】 | 私たちは，初心を忘れず自分を信じて行動します。 |
| 【チャレンジ】 | 私たちは，チャレンジを続け，自分の成長につなげます。 |
| 【チームワーク】 | 私たちは，信頼し協力し合える仲間たちを大切にします。 |
| 【自由闊達】 | 私たちは，自由に意見を出しあえる活気あふれる会社にします。 |
| 【モノづくり】 | 私たちは，愛される商品をつくり，喜びと感動を共有します。 |
| 【グローバル】 | 私たちは，常に広い視野を持ち，世界の仲間と共に歩みます。 |
| 【素直】 | 私たちは，周りの意見を尊重し，素直な心で行動します。 |
| 【変革】 | 私たちは，新しい可能性を見出し，自ら変革し続けます。 |

注：ハイライト部分は見直し時の加筆修正箇所

出所：スワニー本社掲示物をもとに筆者作成

　クレド見直し活動では活発な議論が交わされた。例えば，多くの社員が組織は活性化している，快適な職場であると感じていたが，他方でそれは「ぬるま湯に浸かっている」状況かもしれないという声が出るなど，実際に厳しいことを言う社員が減っていると危機感を持つメンバーもいた。検討の結果，クレドの【チャレンジ】には「続ける」を明記し，さらに【変革】の項目を新設した。そのほかにも，【挨拶】に「明るい」，【モノづくり】には「感動」を追加し，新しく【変革】と【素直】を設置し，新生クレドとなった。

### 5.4.5 「新生クレド」

　クレド委員会によって行われたクレド見直し活動は，クレドの不可視となっていた暗黙知な部分を共通の解釈として変えていく役割を果たしていたと考えられる。新生クレドは，クレド見直し活動での議論が重ねられることで，クレドのすべての内容が浸透してはじめて真の組織になれるという内容に仕上がり，メンバー間では共通の認識度が高まっていた。浸透しただけでなく，社員間での共通の認識を高めたクレドは，理念朝礼やありがとうカード運動を通じて，部署の垣根を越えた現場にも本来の意義を落とし込んでいた。その結果，社内コミュニケーションもより円滑になり，先輩から後輩への指導もごく自然に行われ，また後輩から先輩へも質問しやすい雰囲気が醸成されるようになっていった。

　社員間で暗黙知を含めたクレドの共通の認識が高まり，各自が理解しているクレドに対して他の社員と同じだという自信と安心感を持つことができたことで，組織内でクレドが広く行動レベルにまで浸透していったと考えられる。その結果，クレドの持つ内容が徐々に組織文化として形成されていき，様々な事柄が社員間で当たり前のこととしてとらえられるようになり，その効果は一人ひとりのモチベーション向上にもつながっていった。この時期から社内のハラスメントや，メンタル面で悩む社員が減少していったことは無関係ではないであろう。

### 5.4.6　実践コミュニティの機能

　スワニーにおける各種クレドの浸透活動をあげてきたが，ここで実践コミュニティとの関係を検証する。まず，あらためて本書における実践コミュニティの定義を確認すると，「自然発生的に生成される非公式の関係性の場において，意味の交渉がなされ，学習が行われている集団」である。この実践コミュニティの定義を踏まえると，クレド委員会は実践コミュニティの資質を大いに含んでいる。クレド委員会は「自然発生的に生成される非公式の関係性の場」であり，誰かに「やれ」「作れ」と言われてできたものではなく，スワニーにおける行動指針にあたるものが必要だと感じていた一部の社員たちがボランタ

リーに集まって構成されてスタートした集団である。クレド委員会ができた当初はクレドを制定し，10年後には見直し活動を行ってきたが，いずれも幹部が指示，下命したものではなく，一部の問題意識を持った社員たちによる自発的な活動である。

　そして，実践コミュニティの定義にある「意味の交渉がなされ，学習が行われている」についても該当している。具体的には，クレドを制定，見直していく活動の中で，クレド一つひとつの奥底にある意味について議論を重ねてきた。クレド見直し活動では，クレドを制定した当初から約10年が経ち，徐々に社員によって異なる理解をしている可能性が高くなってきたことを危惧し，表面上の文字面からのみではわかりづらい，本来の行動指針となるクレドはどのように解釈するのかについて検討された。

　例えば，【チャレンジ】の項目では，スワニーでは何をもってチャレンジと見なされるのか，また，どんなチャレンジが可能なのかを議論し合い，チャレンジを通して自分たち社員の成長につなげるためには継続することが重要だという結論になり，「チャレンジする」から「チャレンジを続ける」へとアップデートすることになった。クレドの【チャレンジ】の項目にクレド委員会のメンバーたちが着眼したのは，現状に満足して会社に安住してしまっている社員がいることを問題視していたメンバーがクレド委員会の中にいたためである。

　クレド委員会によるクレド見直し活動を通じて完成した新生クレドは，次のステップとして，社内に浸透させなければならなかった。なぜなら，ただ一部の社員がボランタリーに集まり，クレドの内容が変わりました，というだけでは何ら効果を持たないからである。そこでクレド委員会が行ったのが，理念朝礼であった。理念朝礼というと，中小企業でよく見られる社長などの幹部が社員を集めて行う，トップダウンのルーティンを想定しがちである。しかし，スワニーで行われている理念朝礼は，クレド委員会が主催するものである。理念朝礼の参加者各人が，クレドに対して持っているそれぞれの意味を出し合い，統一した解釈を作り上げるという学習が行われていたのである。

## 5.5 クレドの共通認識度

　スワニーでは，社員の採用にも力を注いでいるが，新卒採用では筆記試験や面接以外にもワークショップを取り入れるなど，候補者の適性を確認する工夫を施している。適正とは，すなわちスワニーの組織文化に適応できるかどうかだが，適応できると見なされ採用された社員は，入社後毎日，周囲を見て自ら学び，また教えられながら，そして部署，役職，年代を超えた社員間の交流を通じて組織文化を体得していっている。その過程の中で，社員一人ひとりが持つ組織文化の足並みを揃えるべく，旗印となっていたのが行動指針であり，スワニーの場合は「クレド」である。

　ただし，クレドは単に存在しているだけでは，現場感を踏まえたそれぞれの職制に順応した形で各自がバラバラの認識をされてしまうであろう。企業において，特に管理職などのマネジメント層ではない現場クラスでは，様々な業務上の実践を通じて，行動指針にあたるものを独自で解釈しがちである。つまり，部署もしくは役職ごとに自分にとって都合がいいように解釈をしてしまい，その結果同じ行動指針であっても，社員間の認識は分散し，統一感を持つことができないということはよくあることである。これは当然のごとく起き得ることであり，サブカルチャーが生まれる要因でもある。

　スワニーのクレド委員会は，クレド本来の姿をあらためて再確認し，より一層良いものにして社内に浸透させたいという想いを持つ自主的に集まったメンバーにより構成され，様々な議論が重ねられていた。例えば，クレド委員会が主催する理念朝礼では，社員によって参加の状況や度合いはまちまちであるものの，各メンバーが自らの置かれた立場で意味の交渉を行い，新しい意味を創り上げていた。スワニーの社員同士で，同じ部署，同じ業務を担っていても，人によってクレドの解釈や認識にズレがあっても不思議ではない。しかし，理念朝礼では，日頃ほとんど接点がない他部署の社員や年齢が異なる者を同一チームにして議論させている。また，それ以上に普段関わりがない，すなわちスワニーのクレドに触れることがない社外の方に理念朝礼に加わってもらい議論を重ねている。必然的にクレドへのアクセスが制限される者に加わってもら

うことで，身内ゆえに当たり前の感覚となり気付きにくい微細なクレドの解釈のズレを認識することができていた。

　職務上の階層による役割分担が明確である大企業であれば，上司から部下へと職制上のタテのつながりからクレドを浸透させることができるかもしれない。ところが，中小企業ではそれが期待しにくい。なぜなら中小企業は 1 人で複数の役割を担うフラット型組織であることが多いためである。したがって，まさにフラット型組織であるスワニーのように，その分ヨコの連携を活用すればよい。ヨコの連携からは実践コミュニティが形成されやすく，正統的周辺参加を通して学習が行われると部署を越えた組織マネジメントが可能となる。スワニーでは，ヨコのつながりからクレドの共通認識度を高めていた。

## 5.6　クレド浸透状況の分析

### 5.6.1　アンケート調査概要

　ここまで，スワニーのクレドに関して定性的な分析を行ってきたが，社員間の共通認識度はどの程度なのか，定量的にも分析する必要がある。なぜなら，定性的分析手法のみでは，分析の過程において研究者の恣意的な介入が起き得るためである。さらに，本書の目的を達成するためには，定量的な分析を通じて，社員間の共通認識度を得たクレドが，どのように組織文化へと変遷しているのかも明らかにしていかねばならない。ついては，本節では，スワニーの社員に対して行ったアンケート調査を用いて，経営理念の下位概念であるクレドの浸透から組織文化形成までの詳細について定量的に分析する。本アンケート調査の実施概要は，**図表 5 - 7**の通りである。

　なお，本節で行うクレドの浸透状況に関する分析結果は，組織文化形成の分析にも用いることとする。具体的には，スワニーにおけるクレドという人工物が，社員間でどの程度浸透し，共通の認識がなされ，どの程度が共通の認識がなされていないのかを把握したい。最も重要なのはクレドの背後にあるコンテクストを検証することである。なぜなら，クレドが使用されているコンテクストは，実践コミュニティの参加の状況や程度，クレドの使われ方に影響を与え，

ひいてはクレドの意味も変わってくるからである。

**[図表5－7] アンケート調査実施概要**

| 実施期間 | 2022年5月9日（月）～5月13日（金） |
|---|---|
| 周知方法 | 社内一斉同報メール |
| 回答方法 | 社内システムによるWEBアンケート（オンライン） |
| 有効回答率 | 92.7%（96人中89人回答） |
| 性別 | 男：53人　　女：36人　　その他：0人 |
| 年代 | 20代以下：10人　　30代：21人　　40代：24人<br>50代：21人　　60代以上：13人 |
| 勤続年数 | 10年以下：30人　　11～20年：33人　　21～30年：17人<br>31～40年：7人　　41年以上：2人 |
| 役職 | 部長以上：6人　　主任～課長：43人　　一般社員：40人 |
| 職種 | 管理：5人　　営業企画：27人　　事務・貿易：32人<br>物流：9人　　見本室：10人　　海外勤務：6人 |
| 採用形態 | 正社員：78人　　嘱託員：11人 |

出所：アンケート調査結果をもとに筆者作成

　本アンケート調査は，クレドに関する項目をスワニーの全社員（正社員および嘱託員）を対象に実施したものである。アンケートには現在海外勤務中の社員6人も含まれていたが，海外子会社における経営理念は社是のみである（クレドは海外子会社には持ち込まれていない）ため，以降の分析においてはクレドに焦点を置くことから，海外勤務の6人のデータについては除くこととした。アンケートの質問項目と回答の選択肢は，**図表5－8**の通りである。

**[図表5－8] アンケート調査の項目と回答の選択肢**

| 1．あなたのクレド（信条）の理解状況について，次の5つから選んでください。 |
|---|
| ① ほとんど知らない |
| ② 言葉の存在を知っている・言葉を覚えている |
| ③ クレドを象徴するような具体例を知っている・実際に自分で経験したことがある |
| ④ クレドの意味を解釈できる・自分の言葉で説明できる |
| ⑤ クレドを行動に結びつけている・行動の前提となっている |

| 2．あなたのクレド（信条）の理解は，他の社員の理解と比べてどう思いますか。 |
| --- |
| ① 自分なりの解釈だと思う |
| ② どちらかといえば自分なりの解釈だと思う |
| ③ どちらともいえない |
| ④ どちらかといえば他の社員と同じ解釈だと思う |
| ⑤ 他の社員と同じ解釈だと思う |
| 3．あなたの「理念朝礼」の参加状況について，次の5つから選んでください。 |
| ① （参加できる時は）毎回参加している |
| ② なるべく参加している |
| ③ どちらともいえない |
| ④ あまり参加していない |
| ⑤ 参加していない |
| 4．次のそれぞれの項目について，5つの中から選んでください。 |
| (1)　ミスをしたら，きまって叱責される |
| (2)　困難や課題を周囲の目を気にせずに提起することができる |
| (3)　何かおかしなことがあっても，職場の人たちは認めない雰囲気がある |
| (4)　安心してリスクを取った仕事をすることができる |
| (5)　職場の人々には支援を求めにくい |
| (6)　私の努力を踏みにじるような行動をわざとする人は，職場にいない |
| (7)　職場の人たちと仕事をする時には，私ならではのスキルと能力が高く評価され活用されている |
| ① そうではない |
| ② あまりそうではない |
| ③ どちらともいえない |
| ④ まあそうだ |
| ⑤ そのとおりだ |
| 5．スワニーの組織文化（社風）とは何だと思いますか。 |
| （自由記述） |
| 6．あなたにとってクレド（信条）はどのような存在ですか。 |
| （自由記述） |

出所：筆者作成

## 5.6.2　クレドの浸透度

　はじめに，クレドの浸透度を測るため，「あなたのクレド（信条）の理解状況について，次の5つから選んでください」を尋ねた。回答の選択肢は，松岡

（1997）で用いられた経営理念の浸透度測定の尺度を準用した。結果は，**図表5−9**の通りだが，上位2項目の回答が55.8％と過半数を超え，下位2項目の24.1％を上回った。

[図表5−9] クレドの浸透度

|  | 人数 | 割合 |
|---|---|---|
| クレドを行動に結びつけている・行動の前提となっている | 21 | 25.3% |
| クレドの意味を解釈できる・自分の言葉で解釈できる | 27 | 32.5% |
| クレドを象徴するような具体例を知っている・実際に経験がある | 15 | 18.1% |
| 言葉の存在を知っている・言葉を覚えている | 19 | 22.9% |
| ほとんど知らない | 1 | 1.2% |
| 総計 | 83 | 100.0% |

出所：アンケート調査結果をもとに筆者作成

### 5.6.3 クレドの中心性

クレドの浸透度がわかったところで，本アンケート調査の自由記述「あなたにとってクレド（信条）はどのような存在か」の結果を用いて計量テキスト分析を行った。計量テキスト分析は，KH Coder[2]を用いたテキストマイニングを行い，共起ネットワーク分析および対応分析を試みた。統計的にテキスト型のデータを正確に認識することで，言葉の使われ方のパターンやルール，傾向を通じて理解を深めることができる。

樋口（2020）によると，アンケート調査における自由記述のテキストを計量的に分析するメリットは2点ある。1点目は，データ探索であり，例えば，アンケート調査結果に頻繁に出現する言葉を把握する，またある言葉と一緒に使用されることが多い共起語を認識することで，それらの言葉の使われ方や，果たしている役割を理解することができる。2点目は，信頼性向上であり，分析者の先入観や思い込みにとらわれず，データの全体像を正確に把握できれば，その結果を第三者に対しても示すことができ，客観性を高めることができる。

そこでまず，社員にとってのクレドの存在について，全体像を概観するため

にアンケートの自由記述「あなたにとってクレド（信条）はどのような存在
か」の回答を共起ネットワーク分析した。共起ネットワークについて，共起と
は，テキスト型データにある語が，他の語と一緒に出現することを意味し，共
起した語同士が線で結ばれたものが共起ネットワークである。KH Coderにお
ける共起ネットワークでは，共起が強い，すなわち出現パターンが似ている語
同士が線で結ばれている。共起ネットワーク上では，バブルと呼ばれる円が線
で結ばれているかどうかが重要となる。バブル同士が線で結ばれていなければ，
たとえいくら近くに布置されていたとしても共起には関係がないことを示して
いる。

　図表5－10は，KH Coderによる共起ネットワーク分析の中心性（媒介）を
選択し，示された結果である。共起ネットワークでは，バブルの大きさや色の
濃さ，バブルを結ぶ線の中心性によって語が出現する頻度や語と語の結びつき
度合いが現わされる。中心性とは，共起ネットワークを構成している各要素

[図表5－10]　共起ネットワークの中心性（スワニーにおける「クレドの存在」）

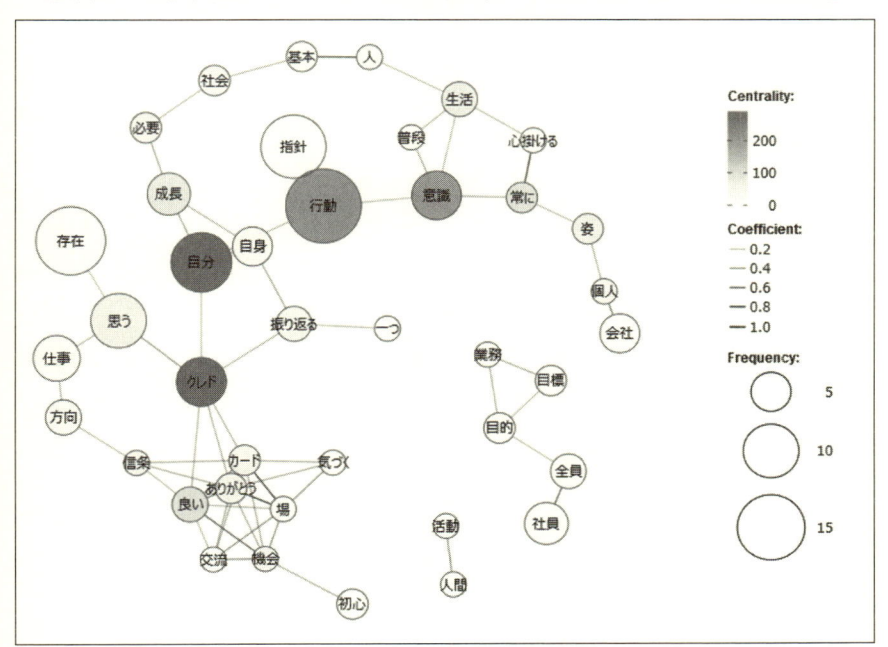

出所：アンケート調査結果をもとに筆者作成

（バブル）が，共起ネットワーク内においてどの程度中心的な存在かを示す指標である。各要素を結んだときにネットワーク上で通過する回数の多さとも言え，バブルの色が濃いほど全体に与える影響は大きくなる。

　共起ネットワーク上で特に高い中心性を示したのが，「クレド」と「自分」であった。この2語は自由記述「あなたにとってクレド（信条）はどのような存在ですか」の回答の中心性（核心）となっている。「クレド」と「自分」自体も互いに強力な結びつきを示しており，「クレド」は「振り返る」にも，そして「自分」は「成長」にも強いつながりが示されている。具体的なアンケート自由記述内の回答で，「クレド」と「自分」の主な使われ方は次の通りである（「クレド」と「自分」に下線）。

【アンケート自由記述から「クレド」「自分」を含む回答を抜粋】
　　「クレドが目的となり業務に役立っている」
　　「クレドを通して自分を見つめ直す」
　　「自分を振り返らせて，クレドにそった行動，意識があるか教えてくれる存在」
　　「自分を成長させるために必要」
　　「自分の行動を客観的に見る指針」
　　「自分の行動指針」

　「クレド」と「自分」に次いで高い中心性を示していたのが「行動」と「意識」であった。「行動」と「意識」自体も，互いに強力な結びつきを示している。また，「行動」は，「指針」とセットで使われていることが多く，ほかにも「自身」とも強いつながりが示されていた。「意識」は，「行動」のほかにも「普段」や「常に」「生活」と強いつながりが示されていた。具体的に「行動」と「意識」はアンケート自由記述内の回答で次のような使われ方を主にされていた（「行動」と「意識」に下線）。

【アンケート自由記述から「行動」「意識」を含む回答を抜粋】
　　「全員が大切にしている行動指標，行動指針」

「自分の<u>行動</u>を振り返り，軌道修正してくれる羅針盤のような存在」
「<u>行動</u>の根底にあるもの」
「社員全員が<u>行動</u>指針を共有し，スワニーの目的，存在意義を明示するもの」
「一つ一つの<u>行動</u>の道しるべ」
「仕事をする上で常に<u>意識</u>している価値観」
「<u>意識</u>付けすることで，会社，個人を成長させてくれる存在」
「<u>意識</u>して<u>行動</u>することにより思考範囲が広がり，生活が豊かになる」

　このように**図表 5 − 10**の共起ネットワークから，スワニーにおいてクレドは，名実ともに社員一人ひとりにしっかりと根付いており，自分自身を振り返り，成長させるために常に意識している行動指針として浸透していると言えよう。特に中心性が高かった「クレド」「自分」と「行動」「意識」の 4 語からも，スワニーでは「<u>クレド</u>は<u>自分</u>自身の<u>行動</u>指針として常に<u>意識</u>されている」ことがわかる。

## 5.6.4　クレドの共通認識度

　スワニーにおいてクレドは，社員の行動指針として浸透していることが示されたが，では，浸透度自体でなく，浸透している内容はどうであろうか。社員の行動指針としてクレドが浸透しているように見えても，はたして浸透している内容は社員一人ひとり異なる個人レベルのものなのか，組織としてある程度共通の認識がなされているものなのか，あるいは，どちらでもないものであろうか。

　そこで，「あなたのクレドの理解は，他の社員の理解と比べてどう思いますか」を尋ね，社員間におけるクレドの共通認識の状況を測った。結果は，共通の認識であると考えられる上位 2 項目「他の社員と同じ解釈だと思う」「どちらかといえば他の社員と同じ解釈だと思う」が45.8％であり，共通の認識ではないと考えられる下位 2 項目「自分なりの解釈だと思う」「どちらかといえば自分なりの解釈だと思う」の30.1％を約1.5倍上回る結果となった（**図表 5 −11**）。しかし，**図表 5 − 9** で示されたクレドの浸透度の割合で上位 2 項目同士

を比較すると，クレドの共通認識度（45.8%）は浸透度（55.8%）よりも10%低い結果であり，クレドの浸透度と共通認識の度合いは一致していないことがわかる。

[図表5－11] クレドの共通認識度

| | 人数 | 割合 | 割合 |
|---|---|---|---|
| 他の社員と同じ解釈だと思う | 9 | 10.8% | 45.8% |
| どちらかといえば他の社員と同じ解釈だと思う | 29 | 34.9% | |
| どちらともいえない | 20 | 24.1% | 24.1% |
| どちらかといえば自分なりの解釈だと思う | 21 | 25.3% | 30.1% |
| 自分なりの解釈だと思う | 4 | 4.8% | |
| 総計 | 83 | 100.0% | 100.0% |

出所：アンケート調査結果をもとに筆者作成

### 5.6.5　クレドの共通認識度と理念朝礼の関係

スワニーで行われている「理念朝礼」は，一般的に思い描かれるような，幹部が社員を集めてトップダウンで行われるルーティンではなく，クレド委員会により開催されているものだが，「理念朝礼の参加状況」を尋ねたところ，参加している（「（参加できる時は）毎回参加している」＋「なるべく参加している」）と回答した社員は85.6%と非常に高い結果となり，自発的な参加の姿勢が示された。そこで，クレドの共通認識度と理念朝礼の参加している場合とをクロス集計したのが図表5－12である。

結果は，「クレドは他の社員と同じ解釈だと思う」の回答は47.9%であり，「クレドは自分なりの解釈」と回答した26.8%を大きく上回った。このことから，クレド委員会による理念朝礼は，社員間におけるクレドの共通認識の獲得に有効であると言える。

［図表５−12］クレドの共通認識度と理念朝礼の参加度（参加している場合の割合）

| | 参加している | 割合 |
|---|---|---|
| 他の社員と同じ解釈（上位２項目） | 34 | 47.9% |
| どちらともいえない | 18 | 25.4% |
| 自分なりの解釈（下位２項目） | 19 | 26.8% |
| 総計 | 71 | 100.0% |

出所：アンケート調査結果から筆者作成

## 5.6.6　クレドの共通認識度に関する要因分析

　続いて，クレドの共通認識度ごとの要因を分析する。クレドが共通の認識となるか，自分なりの解釈となるかの要因は何か，KH Coderを用いて自由記述「あなたにとってクレド（信条）はどのような存在か」の回答に，クレドの共通認識の状況についての回答「他の社員と同じ解釈だと思う」「自分なりの解釈だと思う」「どちらともいえない」を外部変数として掛け合わせて，二次元の散布図として示す対応分析を行った（図表５−13）。

　自由記述データを計量テキスト分析することは，選択肢型質問の分析と組み合わせることでより大きなメリットを生み出し，知見を相乗的に広げることができる（樋口, 2020）。したがって，対応分析を行うことで，共通の認識である（＝クレドは他の社員と同じ解釈）社員と，共通の認識ではない（＝クレドは自分なりの解釈）社員，また，「どちらともいえない」と回答した社員のそれぞれがとらえているクレドの傾向を可視化した上で比較することができる。

　図表５−13の対応分析は，自由記述「あなたにとってクレドはどのような存在ですか」に出現していた語が「●」で図中に示され，外部変数の値（クレドの共通認識度について）が「□」で示されている。図中の縦軸および横軸の点線が交わっているところが「原点」であり，この原点周辺の語は外部変数の値に関係なく出現している，いわば特徴がない語である。逆に原点から遠く離れて位置している語は，外部変数の影響を受けている，いわば強い特徴があることを意味している。では，外部変数として用いたクレドの共通認識の状況について，対応分析での位置は，右下にクレドの共通認識度が高い「他の社員と同じ解釈」，左中間にクレドの共通認識度が低い「自分なりの解釈」，そして右

[図表5−13] 対応分析（「クレドの存在」とクレドの共通認識の状況）

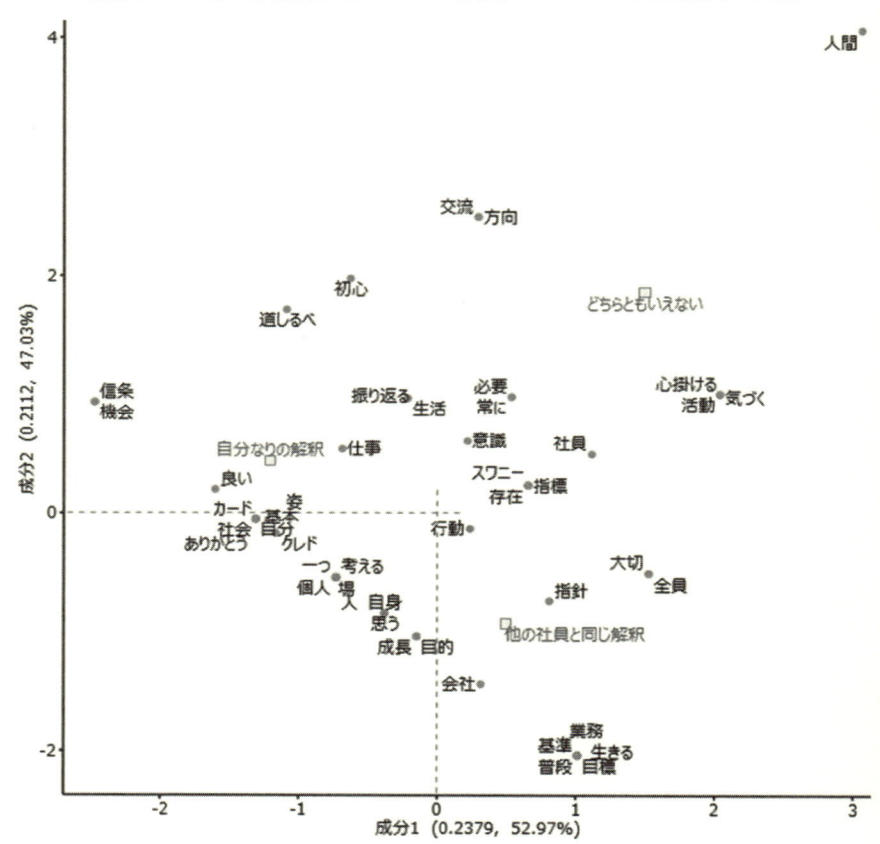

出所：アンケート調査結果をもとに筆者作成

上に「どちらともいえない」が現れている。

　外部変数ごとに原点から離れて位置している特徴ある語を確認してみると，まず，右下の「他の社員と同じ解釈」の方向には「業務」「基準」「生きる」「普段」「目標」の語が位置していることから，これらの5語は「他の社員と同じ解釈」の回答において，特徴的であったと見ることができる。具体的に，アンケート自由記述内の回答での使われ方は次の通りである（5語には下線）。

【アンケート自由記述から５語を含む回答を抜粋】

　　「クレドが目的となり，<u>業務</u>に役立っている」

　　「<u>業務</u>遂行上の行動指針」

　　「行動<u>基準</u>となるもの」

　　「会社の中での<u>基準</u>」

　　「日々の<u>目標</u>」

　　「<u>生きる</u>指針」

　　「習慣化することで前向きに<u>生きて</u>いける」

　　「<u>普段</u>はあまり意識していないが，ふとした時に行動の指針となっている」

　次に，左中間の「自分なりの解釈」の方向には，「信条」「機会」「道しるべ」「初心」の語が位置しており，これらの４語は「自分なりの解釈」の回答において，特徴的だと考えられる。具体的に，アンケート自由記述内の回答での使われ方は次のとおりである（４語には下線）。

【アンケート自由記述から６語を含む回答を抜粋】

　　「こうあるべきと思える<u>信条</u>」

　　「他部との交流を深める良い<u>機会</u>」

　　「迷いや振り返り時の<u>道しるべ</u>」

　　「社会人生活で<u>道しるべ</u>になるもの」

　　「<u>初心</u>に戻れる良い<u>機会</u>」

　　「<u>初心</u>を思い起こさせる」

　３つ目に，右上の「どちらともいえない」の方向には，極端に特徴的と考えられる語として，原点からかなり離れた位置に「人間」があり，そして「人間」の位置と原点の中間辺りに「心掛ける」「活動」「気づく」の語が位置している。具体的に，アンケート自由記述内の回答での使われ方は次の通りである（４語には下線）。

【アンケート自由記述から4語を含む回答を抜粋】
　「クレドを浸透させるための様々な<u>活動</u>を，組織として意識して続けることにより，<u>人間</u>は変わる」
　「<u>人間力</u>」
　「常に<u>心がけて</u>いかなければいけない」
　「<u>活動</u>を通して社員の新しい<u>気づき</u>がたくさん見つかる」

　スワニーのクレド浸透において，共通認識度が高い「他の社員と同じ解釈だと思う」と，共通認識度が低い「自分なりの解釈だと思う」，そして「どちらともいえない」について，アンケートでの回答における特徴的な語とその使われ方がわかったところで，あらためてそれぞれどのような特異性が見られるのか比較分析する。

　まず，「他の社員と同じ解釈」について，クレドは共通認識だと考えている社員は，「業務遂行上の行動指針」「行動基準となるもの」という回答からもわかるように，クレドが各社員の中で消化，吸収されており，業務を遂行するにあたっての行動の基準，すなわち行動指針となっている。「クレドが目的となり，業務に役立っている」の回答からも，クレドは共通認識だと考えている社員にとっては，クレドが業務を行う上で必要であり，貢献していることがわかる。他の回答にある「日々の目標」「生きる指針」「習慣化することで前向きに生きていける」などからもわかるように，クレドは社員が前向きに仕事に取り組んでいくための存在となっている。

　中には「普段はあまり意識していないが，ふとした時に行動指針となっている」という回答があるように，気にしていなくとも当該社員の中にクレドがしっかりと落とし込まれている状態だと考えられる。回答全体から，クレドを主観的にとらえている傾向があることから，クレドは共通認識だと考えている社員にとっては，クレドは我が事だという認識がなされ，主体性が示されている。

　他方，「自分なりの解釈」について，クレドは共通認識ではないと考えている社員は，クレドは「こうあるべきと思える信条」という「べき」を含む回答に象徴されているように，迷った時，困った時，初心に戻る時などに，自らを

振り返るための拠りどころとするために「自分の外」にある存在としてクレド
をとらえている。また，「他部との交流を深める良い機会」という回答からは，
クレドを「我が事」というよりは組織の中にある1つの存在として客観視し，
ニュートラルな立場を取っている傾向が見られる。「迷いや振り返る時の道し
るべ」「初心を思い起こさせる」の回答からも，クレドは共通認識ではないと
考えている社員にとってのクレドは，自らの中に落とし込まれているものとい
うより，困った時などに見る「手引き」「マニュアル」のような自分の外にあ
る存在で，客観性が示されている。

　クレドは共通の認識かどうか「どちらともいえない」については，「クレド
を浸透させるための様々な活動を，組織として意識して続けることにより人間
は変わる」「常に心がけていかなければいけない」の回答から，クレドを我が
事としてとらえているが，消化，吸収しきれていない傾向が見られる。また，
「活動を通して社員の新しい気づきがたくさん見つかる」のように，後ろ向き
ではなく，クレドの重要性をよく理解している回答で，クレドに対して無関心
だとか，関心が薄いがゆえの「どちらともいえない」ではない。クレドを自ら
の中に落とし込むことができれば，共通の認識に移っていくとも考えられる。

　以上，「他の社員と同じ解釈」「自分なりの解釈」「どちらともいえない」そ
れぞれの方向に見られた傾向を分析すると，**図表5−13**の対応分析の縦軸は，
原点より上方向はクレドを自分の中に落とし込めていない状態であり，下方向
はクレドを消化，吸収できている，すなわち自分の中に落とし込めている状態
だと考えられる。横軸は，右方向に行くほどクレドを主体的にとらえる傾向が
あり，左方向に行くほどクレドを客観的にとらえる傾向が見られた。

　また，原点に最も近い位置にある語は「行動」であり，特徴がない語，すな
わちクレドの共通認識の状況に関わらず当たり前に使われている語となる。
「行動」は，**図表5−10**で示されているように中心性もまた高い語であった。
中心性が高い語ということは，クレドを語る時に他の語との関係性がより強く，
かつ頻繁に使われ影響力があるということであり，**図表5−13**の対応分析に
おいて最も特徴がない語であることと整合する。同様に，中心性が高かった
「自分」「クレド」「意識」においても，**図表5−13**の対応分析では原点付近に
位置しており，特徴がない語として示されている。

### 5.6.7 クレド浸透度と心理的安全性

　クレドの浸透における心理的安全性の貢献度についても，定量的に分析を行った。心理的安全性がなければ，実践コミュニティ内でも積極的な意味の交渉は期待できないことから，クレドの浸透度には高い心理的安全性が有効であるとの仮説のもと，両者の関係性を検証するために，クロス集計を行った（図表５－14）。

[図表５－14] クレドの浸透度と心理的安全性

| | 質問1 心理的 安全性 | | 質問2 心理的 安全性 | | 質問3 心理的 安全性 | | 質問4 心理的 安全性 | |
|---|---|---|---|---|---|---|---|---|
| | 有 | 無 | 有 | 無 | 有 | 無 | 有 | 無 |
| ①クレドを行動に結びつけている ●行動の前提となっている | 8 | 7 | 16 | 1 | 8 | 2 | 10 | 2 |
| ②クレドの意味を解釈できる ●自分の言葉で解釈できる | 15 | 7 | 11 | 9 | 11 | 8 | 9 | 8 |
| ③クレドを象徴するような具体例を知っている ●実際に経験がある | 5 | 2 | 9 | 1 | 4 | 2 | 4 | 8 |
| ④言葉の存在を知っている ●言葉を覚えている | 5 | 1 | 6 | 7 | 3 | 7 | 1 | 7 |
| ⑤ほとんど知らない | 1 | 0 | 0 | 0 | 0 | 1 | 0 | 1 |

| 質問5 心理的 安全性 | | 質問6 心理的 安全性 | | 質問7 心理的 安全性 | | 心理的 安全性 有 (合計) | 心理的 安全性 無 (合計) | 合計 | 心理的 安全性 有 (割合) |
|---|---|---|---|---|---|---|---|---|---|
| 有 | 無 | 有 | 無 | 有 | 無 | | | | |
| 13 | 4 | 17 | 1 | 14 | 2 | 86 | 19 | 105 | 81.9% |
| 16 | 7 | 16 | 3 | 10 | 5 | 88 | 47 | 135 | 65.2% |
| 11 | 2 | 8 | 2 | 7 | 1 | 48 | 18 | 66 | 72.7% |
| 10 | 4 | 10 | 2 | 4 | 3 | 39 | 31 | 70 | 55.7% |
| 1 | 0 | 1 | 0 | 0 | 1 | 3 | 3 | 6 | 50.0% |

出所：アンケート調査結果をもとに筆者作成

質問１：ミスをしたら，きまって叱責される（R）[3]
質問２：困難や課題を周囲の目を気にせずに提起することができる

質問3：何かおかしなことがあっても，職場の人たちは認めない雰囲気がある（R）
質問4：安心してリスクを取った仕事をすることができる
質問5：職場の人々には支援を求めにくい（R）
質問6：私の努力を踏みにじるような行動をわざとする人は，職場にいない
質問7：職場の人たちと仕事をするときには，私ならではのスキルと能力が高く評価され活用されている

　心理的安全性を問う回答の選択肢は，Edmondson（2018）の指標を適用した。五件法で実施し，上位2項目は心理的安全性が有る，下位2項目は無いとした。結果は，心理的安全性が高ければクレドの浸透度も高く，心理的安全性が低くなるにつれてクレドの浸透度も下がる傾向が示された。したがって，クレドの浸透度には心理的安全性が有効であるという仮説は立証された。

### 5.6.8　クレドの共通認識度と心理的安全性

　次に，心理的安全性とクレドの共通認識度の関係も同様に比例関係にあるのかを検証するために，クロス集計を行った（**図表5−15**）。結果は，心理的安

**[図表5−15] クレドの共通認識の状況と心理的安全性**

| | 質問1 心理的 安全性 | | 質問2 心理的 安全無 | | 質問3 心理的 安全性 | | 質問4 心理的 安全性 | |
|---|---|---|---|---|---|---|---|---|
| | 有 | 無 | 有 | 無 | 有 | 無 | 有 | 無 |
| ①クレドの共通認識度が高い「クレドは他の社員と同じ解釈」 | 13 | 11 | 21 | 8 | 14 | 10 | 9 | 13 |
| ②クレドの共通認識度が低い「クレドは自分なりの解釈」 | 12 | 5 | 15 | 3 | 6 | 6 | 11 | 6 |
| ③どちらともいえない | 9 | 1 | 6 | 7 | 4 | 6 | 4 | 7 |

| 質問5 心理的 安全性 | | 質問6 心理的 安全性 | | 質問7 心理的 安全性 | | 心理的 安全性 有 （合計） | 心理的 安全性 無 （合計） | 合計 | 心理的 安全性 有 （割合） |
|---|---|---|---|---|---|---|---|---|---|
| 有 | 無 | 有 | 無 | 有 | 無 | | | | |
| 23 | 8 | 28 | 5 | 14 | 6 | 122 | 61 | 183 | 66.7% |
| 13 | 7 | 12 | 2 | 13 | 3 | 82 | 32 | 114 | 71.9% |
| 15 | 2 | 12 | 1 | 8 | 3 | 60 | 25 | 85 | 70.6% |

出所：アンケート調査結果をもとに筆者作成

全性の有無とクレドの共通認識度に相関は見られなかった。むしろ，共通認識がない自分なりの解釈をしているほうが，心理的安全性が高く出るという結果となり，クレドの浸透度の場合とは異なり，共通認識度には心理的安全性は有効ではないことがわかった。

## 5.7 経営理念浸透から組織文化形成に関する分析

本節では，スワニーにおける組織文化の形成とクレドの共通認識度について，定量的に分析を行う。具体的には，本アンケート調査の自由記述「スワニーの組織文化は何だと思いますか」の結果を用いて，計量テキスト分析を行った。KH Coderを用いて作成した3つのグラフをもとに分析していく。

### 5.7.1 組織文化におけるクレドの要素

最初のグラフとして，「スワニーの組織文化は何だと思いますか」の自由記述の回答結果を，KH Coderによる共起ネットワーク分析でサブグラフ（modularity）を選択，示されたグラフが図表5−16である。全部で10個のコミュニティが出現した。組織文化は，経営理念が浸透し，確立され，かつ企業活動において体現されることで形成されるものであることから，組織文化を表している10個のコミュニティそれぞれと，経営理念の下位概念であるクレドの関係性を分析する。

以下，グラフに示されている番号の順に確認する。まずコミュニティ①は，「コミュニケーション」「団結」「率先」「行動」「述べる」「大切」「努力」「明るい」「挨拶」「仲」「働く」「女性」「職場」「壁」「業務」のコミュニティであり，主に次のような使われ方をしていた（15語には下線）。

【アンケート自由記述から15語を含む回答を抜粋】
　「自由の中で<u>コミュニケーション</u>を取り，一致<u>団結</u>して問題をクリアできる」
　「何としてもやり遂げる<u>団結</u>・<u>率先</u>力」
　「<u>率先</u>して<u>行動</u>する」

［図表5－16］共起ネットワークのmodularity（スワニーの組織文化）

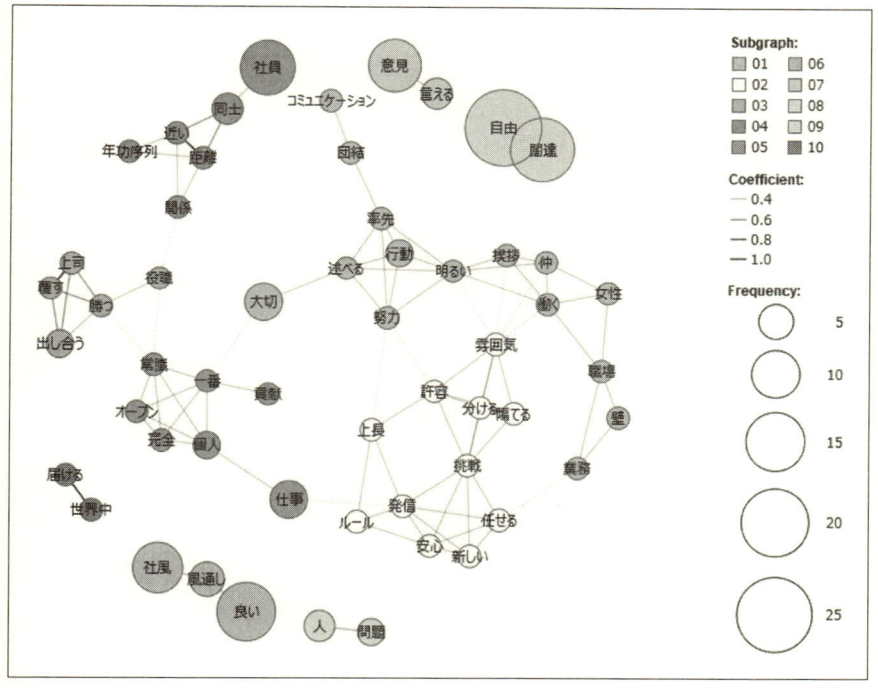

出所：アンケート調査結果をもとに筆者作成

「いつも明るく前向きに行動する」

「自分の意見を堂々と述べる」

「自身の意見や考えを大切にしていただける」

「チームワークを大切にする」

「社員を大切にする」

「問題に対しては我が事ととらえ解決努力する」

「挨拶が当たり前のように行われていて，明るい会社」

「社員同士の仲が良く，働きやすい雰囲気」

「女性が働きやすい職場」

「異なる業務の社員とも壁を作らない職場風土」

「壁のない，風通しの良い社風（海外工場も含めて）」

　これらの回答から，「団結力，率先力がある」「社員一人ひとりを大切にする」「明るい挨拶がある」「海外工場や女性を含めて壁のない働きやすい職場」という組織文化が存在していることがわかる。クレドに当てはめてみると【チームワーク：私たちは，信頼し協力し合える仲間たちを大切にします。】【明るい挨拶：私たちは，明るい挨拶で笑顔あふれる会社にします。】および【グローバル：私たちは，常に広い視野を持ち，世界の仲間と共に歩みます。】の内容に近いものである。

　コミュニティ②は，「雰囲気」「分ける」「隔てる」「許容」「挑戦」「任せる」「新しい」「安心」「発信」「ルール」「上長」のコミュニティであり，これらの11語は主に次のような使われ方をしていた（11語には下線）。

【アンケート自由記述から11語を含む回答を抜粋】
　　「社員の仲が良く，働きやすい雰囲気」
　　「分け隔てなく意見を言える雰囲気」
　　「分け隔てない（差別の少ない）組織文化」
　　「挑戦したことに対して失敗しても許容してもらえる」
　　「社員一人一人を尊重して，業務を任せてくれる社風」
　　「新しいことに安心して挑戦できる」
　　「自分の意見を発信しやすい」
　　「ルールが細かいが，法令に則ろうとしており，その点は安心感がある」
　　「文化を継承して広める努力を，上長が自ら行う必要がある」

　これらの回答から，「分け隔てない文化で自分の意見を発信しやすい雰囲気」「たとえ失敗しても許容してもらえ新しいことに安心して挑戦できる」ような組織文化が存在していることがわかる。クレドに当てはめてみると【チャレンジ：私たちは，チャレンジを続け，自分の成長につなげます。】や【自由闊達：私たちは，自由に意見を出しあえる活気あふれる会社にします。】および【変革：私たちは，新しい可能性を見出し，自ら変革し続けます。】の内容が波及していると考えられる。

　コミュニティ③は，「役職」「「勝つ」「上司」「覆す」「出し合う」のコミュニティであり，これらの5語は，主に次のような使われ方をしていた（5語には下線）。

【アンケート自由記述から5語を含む回答を抜粋】
　　「役職者が多いわりに言葉遣いや態度など社会人としての常識が低い社員
　　　へのマネジメントができていない」
　　「意見を出し合って決めたことを上司が覆す」
　　「言ったもの勝ち」

　コミュニティ④は，「社員」「同士」「近い」「距離」「関係」「年功序列」のコミュニティであり，主に次のような使われ方をしていた（6語には下線）。

【アンケート自由記述から6語を含む回答を抜粋】
　　「良くも悪くも社員に対してあたたかい」
　　「アットホームで社員のことをよく考えてくれている会社」
　　「部署を跨いで社員同士の交流は比較的ある」
　　「社員同士の仲が良く，働きやすい雰囲気」
　　「社員同士の距離感が近い」
　　「役職関係なく意見を言える」
　　「何でも言い合える関係」
　　「社員を大切にしている」
　　「異なる業務の社員とも壁を作らない」
　　「社員一人一人を尊重」
　　「年功序列，男尊女卑などの昔ながらの組織体系が根強く残っているよう
　　　に感じる」

　これらの回答から，社内では部署や役職に関係なく，「社員同士の距離が近く，お互いに尊重し合う関係」という組織文化が存在していることがわかる。クレドに当てはめてみると，【チームワーク：私たちは，信頼し協力し合える

　コミュニティ⑤は，「仕事」「個人」「完全」「オープン」「常識」「一番」「貢献」のコミュニティであり，主に次のような使われ方をしていた（7語には下線）。

【アンケート自由記述から7語を含む回答を抜粋】
　　「<u>仕事</u>でやりがいを感じる」
　　「経験の浅いうちからどんどん<u>仕事</u>を任せてもらえ，サポートもしてくれ
　　　るので，新しいことに挑戦できる」
　　「幅広い年代の人が活き活きと<u>仕事</u>ができる」
　　「<u>個人</u>が責任を持って<u>仕事</u>ができる環境」
　　「今は<u>完全</u>に慣れ，居心地がよい」
　　「<u>オープン</u>でチームワークがある」
　　「それまでの会社というところの<u>常識</u>が一気に壊れた」
　　「自分を<u>一番</u>大切にし，社会に，そして世界に<u>貢献</u>する」
　　「自由に意見が言えていろいろなことに<u>貢献</u>できる」

　これらの回答から，「社員一人ひとりが活き活きと仕事ができる環境」「社会，世界にも貢献できるオープンな社風」という組織文化が存在しているとわかる。クレドに当てはめてみると【チームワーク：私たちは，信頼し協力し合える仲間たちを大切にします。】や【自由闊達：私たちは，自由に意見を出しあえる活気あふれる会社にします。】および【グローバル：私たちは，常に広い視野を持ち，世界の仲間と共に歩みます。】の内容に近いものだと考えられる。

　コミュニティ⑥は，「良い」「風通し」「社風」のコミュニティであり，これらの3語は主に次のような使われ方をしていた（3語には下線）。

【アンケート自由記述から 3 語を含む回答を抜粋】

　　「チャレンジを<u>良し</u>とする自由な文化」

　　「オープンな<u>社風</u>，分け隔てない（差別の少ない）組織文化，国際的な<u>社風</u>」

　　「社員一人一人を尊重して，業務を任せてくれる<u>社風</u>」

　　「クレドの項目すべてがスワニーの<u>社風</u>だと思う」

　　「意見を述べやすく，チームの信頼を大切にしようとしている<u>社風</u>」

　　「がつがつ前に出ることが許させる<u>社風</u>」

　　3 語をつなぎ合わせると「風通しの良い社風」となる。「クレドの項目すべてがスワニーの社風」という回答もあるように，クレドが浸透してそのまま組織文化として形成されていることが窺える。

　　コミュニティ⑦は，「意見」「言える」のコミュニティであり，主に次のような使われ方をしていた（2 語には下線）。

【アンケート自由記述から 2 語を含む回答を抜粋】

　　「自由な<u>意見</u>を出しやすい」

　　「自身の<u>意見</u>や考えを大切にしていただける」

　　「目標達成に向け肯定的な<u>意見</u>を出し合える」

　　「分け隔てなく<u>意見</u>を<u>言える</u>雰囲気がある」

　　「自分の<u>意見</u>を堂々と述べる」

　　クレドに当てはめてみると，「自由に自分の意見が言える」という組織文化が存在していることがわかる。これはクレドの【自由闊達：私たちは，自由に意見を出しあえる活気あふれる会社にします。】の内容に合致するものである。

　　コミュニティ⑧は，「人」「問題」のコミュニティであり，主に次のような使われ方をしていた（2 語には下線）。

108

【アンケート自由記述から2語を含む回答を抜粋】
　　「考えない人が増えた」
　　「問題に対しては我が事ととらえ解決努力する」
　　「一致団結して問題をクリアできる」

　これらの回答から，「社員が問題の解決に向かい一緒に取り組む」組織文化が存在していることがわかる。クレドに当てはめてみると【チームワーク：私たちは，信頼し協力し合える仲間たちを大切にします。】の内容に近いものである。

　コミュニティ⑨は，「自由」「闊達」のコミュニティであり，この2語そのままのとおり，クレドの【自由闊達：私たちは，自由に意見を出しあえる活気あふれる会社にします。】に合致する。他方で，「完全に自由闊達な空気があるわけではない」「一見自由なようで封鎖的」「『自由』がずれている」といった「自由」「闊達」を否定的な意味で使われていた回答も一部で見られた。ただし，ポジティブな意味で使われているほうが圧倒的に多く，自らが求めている「自由闊達」の基準に到達していないと考えている社員が一部いると推測できる。

　コミュニティ⑩は，「世界中」「届ける」のコミュニティであり，まさにスワニーの企業理念（パーパス）「世界中に，あたたかさを届ける」そのものである。

　以上，コミュニティ①から⑩について，それぞれクレドとの関係性を確認してきたが，各コミュニティを大括りにしてグループ化すると，次の通りとなる。コミュニティ⑦と⑨は明確にクレドの「自由闊達」と関連付けられる。コミュニティ①，②，④，⑤，⑧は，その他のクレドと関連付けられる。コミュニティ⑩はスワニーのパーパスを表しており，コミュニティ⑥はスワニーの組織文化を表している。残るコミュニティ③は，クレドとの関連付けができなかった。

## 5.7.2 組織文化の中心性

　次に，2つ目のグラフとして，KH Coderによる共起ネットワーク分析の中心性（媒介）を選択，示された結果が**図表5−17**である。共起ネットワークの中心性では，円（バブル）の大きさや色の濃さ，円を結ぶ線の太さなどによって語の出現する頻度や語と語の結びつきの度合いが現わされている。中心性とは，共起ネットワークを構成している各要素（バブル）が，共起ネットワーク内においてどの程度中心的な存在であるかを示す指標である。

　中心性（媒介）は，各要素を結んだときにネットワーク上で通過する回数の多さとも言え，バブルの色が濃いほど全体に与える影響は大きくなる。共起ネットワーク上で表されているバブル間のつなぎ役でもあるため，中心性が高

[図表5−17] 共起ネットワークの中心性（スワニーの組織文化）

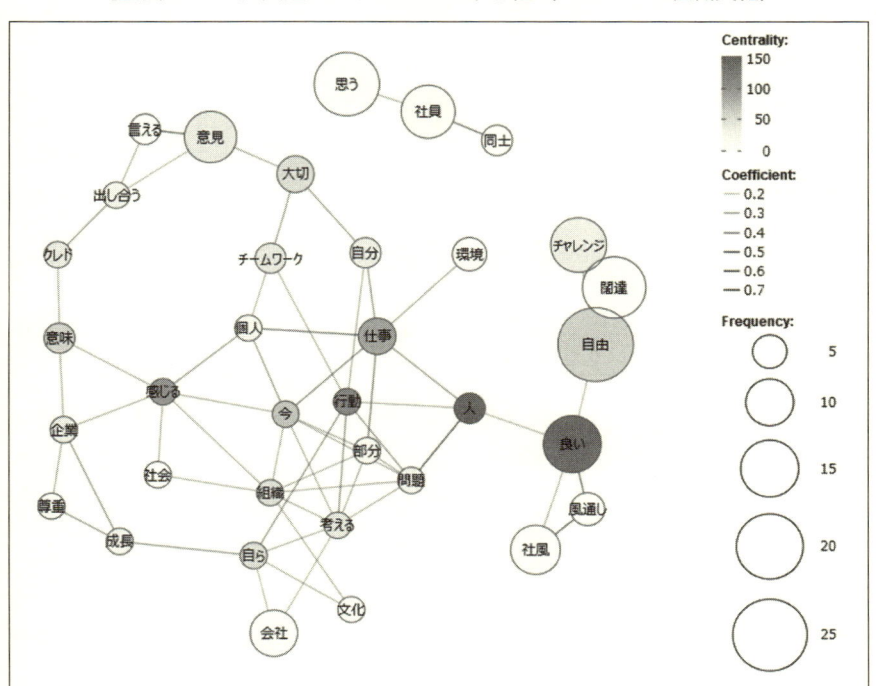

出所：アンケート調査結果をもとに筆者作成

いほど情報をコントロールできる力が大きくなるとも言える。スワニーの組織文化は「人」「良い」「行動」が特に中心性が高い語であり，3語は「人」を中心にして直接つながっている。

「人」が直接つながっているのは，「良い」「行動」「仕事」「問題」である。「行動」はバブル自体小さい（＝出現頻度は少ない）のだが，中心性が非常に高く現れている。「自ら考えて行動」「率先して行動」「いつも明るく前向きに行動」のようにとてもポジティブな意味で使われている。「仕事」については，職場における組織文化の中心性であるため，「人」（＝社員）とは当然切り離せない関係にある。「仕事」自体の中心性も高く現れていることから，組織文化に「仕事」がしっかり組み込まれていることになる。また，「問題」についてもバブル自体は小さいが「人」と直接つながっている。「問題」という用語は，時としてマイナスな面でも使われるが，ここではネガティブな意味ではなく，「問題に対しては我が事ととらえ解決努力する」「一致団結して問題をクリアできる」のようにほとんどがポジティブな使われ方をしている。

「良い」と直接つながっているのは，「人」以外では「自由」「闊達」「チャレンジ」のバブル群と，「風通し」「社風」であった。バブル自体も大きめの「良い」を中心に見れば，「チャレンジできる自由闊達な組織文化が良い」ということ，そして，「風通しが良い社風」が存在していることがわかる。

### 5.7.3　クレドの共通認識度による組織文化の要因分析

最後に，3つ目のグラフとして，同じくKH Coderを用いて対応分析を選択，組織文化とクレドの共通認識の状況との関連性を分析する。自由記述「スワニーの組織文化は何だと思いますか」の回答に，クレドの共通認識の状況についての回答「他の社員と同じ解釈だと思う」「自分なりの解釈だと思う」「どちらともいえない」を外部変数として掛け合わせ，二次元の散布図に示す対応分析を行った（図表5−18）。自由記述「スワニーの組織文化は何だと思いますか」に出現していた語が「●」で図中に示され，外部変数の値（クレドの共通認識度について）が「□」で示されている。図中の縦軸および横軸の点線が交わっているところが「原点」であり，原点周辺の語は外部変数の値に関係なく出現している，いわば特徴がない語である。他方，原点から遠く離れて位置し

[図表5−18] 対応分析（「スワニーの組織文化」とクレドの共通認識の状況）

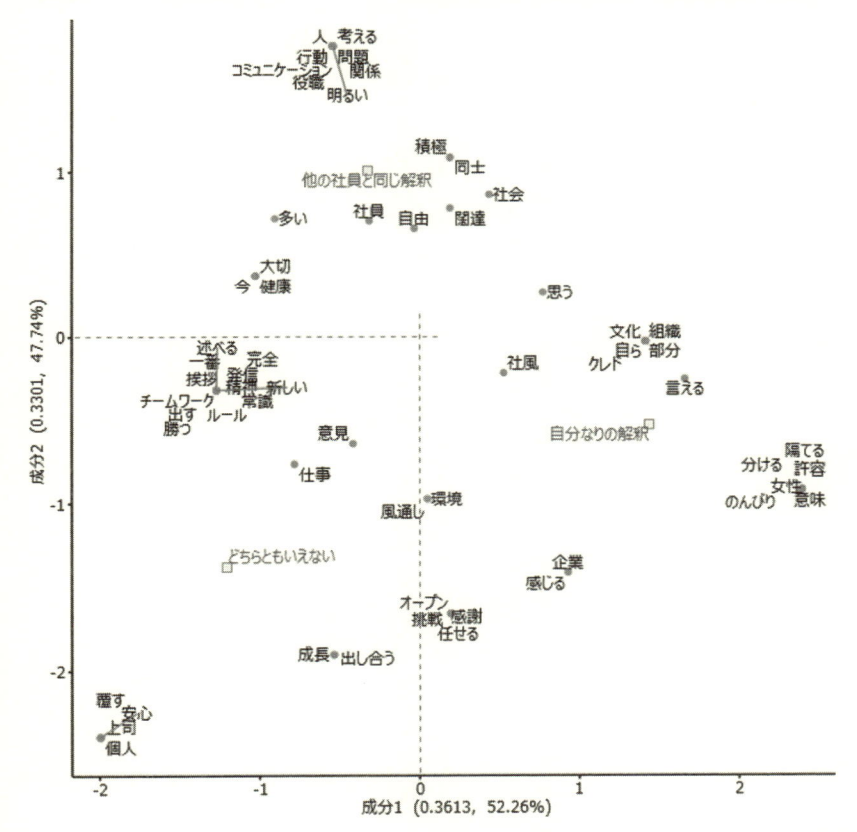

出所：アンケート調査結果をもとに筆者作成

ている語は，外部変数の影響を受けている，いわば強い特徴があることを意味
している。

　外部変数であるクレドの共通認識の状況について，対応分析での位置は，左
上に共通認識度が高い「他の社員と同じ解釈」，右中間に共通認識度が低い
「自分なりの解釈」，左下に「どちらともいえない」が現れている。外部変数ご
とに，原点から離れて位置している特徴ある語を確認してみると，まず，左上
の「他の社員と同じ解釈」の方向には，「人」「考える」「行動」「問題」「コ
ミュニケーション」「関係」「役職」「明るい」がある。これらの8語は主に次

のような使われ方をしていた（8語には下線）。

【アンケート自由記述から8語を含む回答を抜粋】
　　「<u>人</u>の話を良く聞く」
　　「幅広い年代の<u>人</u>が活き活きと仕事ができる」
　　「積極的に意見を出し，視野が広い<u>人</u>が多い」
　　「アットホームで社員のことをよく<u>考え</u>てくれている会社」
　　「自ら<u>考え</u>，<u>行動</u>しやすい会社」
　　「率先して<u>行動</u>する」
　　「いつも<u>明る</u>く前向きに<u>行動</u>する」
　　「<u>問題</u>に対しては我がこととらえ解決努力する」
　　「自由の中で<u>コミュニケーション</u>を取り，一致団結して<u>問題</u>をクリアできる」
　　「社員同士の距離感が近い，何でも言い合える<u>関係</u>」
　　「自由闊達で，<u>役職関係</u>なく意見を言える会社」
　　「挨拶が当たり前のように行われていて，<u>明るい</u>会社」

　　次に，右中間に位置している「自分なりの解釈」の方向には，「分ける」「隔てる」「許容」「女性」「のんびり」「意味」がある。これらの6語は主に次のような使われ方をしていた（6語には下線）。

【アンケート自由記述から6語を含む回答を抜粋】
　　「<u>分け隔て</u>無い（差別の少ない）組織文化，国際的な社風」
　　「<u>分け隔て</u>なく意見を言える雰囲気」
　　「挑戦したことに対して失敗しても<u>許容</u>してもらえる」
　　「<u>女性</u>の地位が低いと感じる」
　　「<u>女性</u>が働きやすい職場」
　　「穏やかで<u>のんびり</u>している会社」
　　「良い<u>意味</u>で<u>のんびり</u>している」
　　「良い<u>意味</u>でベタベタの中小企業」

「良い<u>意味</u>でも悪い<u>意味</u>でもオープン」

　最後に，左下の「どちらともいえない」の方向には，「覆す」「安心」「上司」「個人」がある。これらの4語は主に次のような使われ方をしていた（4語には下線）。

【アンケート自由記述から4語を含む回答を抜粋】
　　「意見を出し合って決めたことを<u>上司</u>が<u>覆す</u>，もしくはその上の<u>上司</u>が<u>覆</u>
　　　<u>す</u>」
　　「経験の浅いうちからどんどん仕事を任せてもらえ，またそのサポートも
　　　してくれるので，新しいことに<u>安心</u>して挑戦できる」
　　「ルールが細かいが，法令に則ろうとしておりその点は<u>安心</u>感がある」
　　「『<u>個人</u>』を大切にするところが一番好きなところ」
　　「<u>個人個人</u>が責任を持って仕事ができる環境」

　スワニーの組織文化において，共通認識度が高い「他の社員と同じ解釈」と，共通認識度が低い「自分なりの解釈」，そして「どちらともいえない」のそれぞれについて，アンケートでの回答における特徴的な語とその使われ方がわかったところで，あらためてそれぞれにどのような特異性が見られるのか，比較し，分析する。
　「**他の社員と同じ解釈**」，すなわちクレドの共通認識度が高い方向に位置していた特徴的な語は，8語あった。そのうち「人」は「社員」と置き換えて差し支えないと考えられるが，実際にほとんどの回答が「人」すなわち「社員」が主語として使われているものであった。したがって，組織を我が事として主体的に述べられていた。また，組織文化が肯定的に表現されており，組織文化は自分1人のものという回答の仕方はされておらず，組織全体のものとしてとらえられている。「考える」「行動」「コミュニケーション」「明るい」は，語の意味の通り仕事に対してポジティブに使われている語である。「問題」「関係」「役職」については，ポジティブにもネガティブにもとらえられる語であるが，「問題を解決する」「問題をクリアする」「何でも言い合える関係」「役職関係な

い」のように，いずれもポジティブな意味で使われていた。

　次に，「**自分なりの解釈**」，すなわちクレドの共通認識度が低い方向にあった特徴的な語は6語あった。「分ける」「隔てる」は，「分け隔てない組織文化」として使われており，回答にもある通り，差別のない組織文化として表現されていることが窺える。しかし，別の見方をすれば，「分け隔てない」の裏には「差別」に対して特に強い意識を持っているとも言えよう。それは，「女性」という語が含まれていることからもわかる。「女性の地位が低い」「女性が働きやすい」という回答のように，社内で性別が強く意識されている。

　また，「許容」は，「許容してもらえる」「許容される」のように，受け身形で使われている。これは，主に「社員」が主語としての回答が多かった「他の社員と同じ解釈」にはなかった点である。その他，「良い意味で」「悪い意味で」と使われている「意味」においては，自分の事という主体的なものではなく，組織を客観的に見ていることがわかる。同様に「のんびり」においても，「のんびりしている会社」と組織を客観視していることから，「自分なりの解釈」では，組織文化を客観的にとらえている傾向がある。

　最後に，「**どちらともいえない**」の方向に合った特徴的な語は4語であった。意見を出し合って決めたことを「上司が覆す」というネガティブな回答が，クレドの共通認識度が高くも低くもない，「どちらともいえない」状況にある所以であろう。また，**図表5−16**の共起ネットワークのmodularity（スワニーの組織文化）の3つ目のコミュニティにおいても，同じく「上司」「覆す」が見られた。「意見を出し合って決めたことを上司が覆す」は，「意見を出し合っている」と述べられているように共通認識度を高めていく意思はあるにもかかわらず，上司に実現を拒まれているため，共通認識度が高くも低くも「どちらともいえない」という結果になったと考えられる。

　「安心」と「個人」はともにポジティブな意味で使われていた。しかし，組織文化の派生元と考えられるクレドは10項目あり，そのすべてにおいて主語は「私たちは」という一人称複数形で始まっている。一方，ポジティブな意味で使われていたとはいえ，「個人」は単数形である。個人にとって活躍できる環境があり，個人レベルで安心感がある職場だと考えられるが，組織一体となって取り組むべきものとして制定されているクレドを，本来の意味での「私た

ち」が主体としてはとらえられていないことから，クレドを消化，吸収できている状態にはないことが窺える。ゆえに共通認識度が高くも低くもない「どちらともいえない」という結果になったと考えられる。

　以上，「他の社員と同じ解釈」「自分なりの解釈」「どちらともいえない」のそれぞれの傾向から，図表5-18の対応分析の縦軸は，原点より上方向は組織文化を組織全体の集団でとらえている状況で，下方向は組織文化を個人単位のレベルでとらえている状況だと考えられる。横軸は，右方向に行くほど組織文化の客観性が高まり，左方向に行くほど主体性が高まると考えられる。

　また，図表5-16のコミュニティ③と⑧において，一部ネガティブな意味で組織文化が表現されていたが，両コミュニティで示されていた語である「役職」「勝つ」「上司」「覆す」「出し合う」「人」「問題」のすべてが，図表5-18の対応分析上では原点より左方向にあるという共通点が見られた。このことから，ネガティブな意味でとらえられている組織文化は，決して組織文化を客観視しているのではなく，逆に主体的にとらえていることがわかる。組織文化を我が事として主体的にとらえているからこそ，やむを得ないと割り切ることができていないことが示されている。

**注**

1　スワニーは，2022年11月30日に事業承継型M&Aを行ったが，本論文における調査は，事業承継前に実施している。
2　KH Coderは，計量テキスト分析であるテキストマイニング用のフリーソフトウェアで，樋口耕一氏が著作権を保有している。
3　（R）はリバース項目（逆転項目）を示しており，他の項目とは評価の向きを逆にしている。

## 第 6 章

# 事例研究 II
# 海外子会社への組織文化移転

## 6.1 中小企業における海外子会社の組織文化

　本章では，スワニーの海外子会社における経営理念浸透から組織文化形成に至るメカニズムを明らかにし，その中で実践コミュニティの役割にも着目したい。海外子会社を取り上げるのは，中小企業の組織文化形成を分析するにあたり，国内本社のみを対象とするのではなく，国家文化も異なる海外子会社も併せて対象として検証することで，より深い組織文化移転の考察が可能になると考えるためである。つまり，海外子会社への組織文化移転を考察することは組織文化形成のメカニズム解明の一環と位置づけている。

　海外展開を行う企業にとっては，異文化との融合に加えて，海外子会社に組織文化を移転し，共有できるかどうかが海外ビジネス成功のためのカギとなる。なお，海外子会社に国内本社の組織文化を持ち込まずとも，海外子会社で新たな組織文化を形成させるという考えもあり得るかもしれない。その方が，現地の国家文化などを踏まえることができるため，より良いとも考えることもできる。しかし，大企業のように一定の日本人駐在員を送り込むなど，現地での営業基盤がしっかりと確立している場合はよいものの，中小企業にとっては現実的に難しい。駐在員のマンパワーに限りがある中で，海外子会社で新たな組織文化が形成されても，それを見守りながら国内本社と調整を図っていくことはかなり困難なことである。したがって，特に中小企業においては，現地文化に合わせていく努力をしながらも，国内本社の組織文化を海外子会社へ移転する

のが現実的であり，実際にほとんどの中小企業がそのように対応している。

## 6.2 スワニーの海外進出

### 6.2.1 調査方法

　中小企業の海外進出において，国内本社と海外子会社をつなぐ役割は，人数が限定されている日本人駐在員以外にも担える人材がいるのであろうか。また，国内本社の組織文化を海外子会社へ移転する場合，海外子会社の風土や現地スタッフの考え方などはどの程度，どのように取り入れていくべきなのであろうか。さらに，中小企業において国内本社から海外子会社へ組織文化を移転し，かつ知識移転と創意工夫を両立させていくためにはどのようなプロセスを経ていくべきなのであろうか。中小企業における海外子会社への組織文化移転を解明するにあたり，確保，育成が難しい人材面に着目するのではなく，組織マネジメントの観点から事例分析を行う。事例分析は，訪問によるヒアリング調査およびインタビュー調査の定性的研究方法を用いる（**図表6－1**）。

[図表6－1] ヒアリングおよびインタビュー調査の概要

|  | ヒアリング | インタビュー |
|---|---|---|
| 対象者 | 代表取締役社長　板野司氏 | グローブ事業部　課長　中尾伸氏 |
| 実施日 | 2021年9月18日 | 2021年9月18日 |
| 場所 | スワニー本社（香川県東かがわ市） | スワニー本社（香川県東かがわ市） |
| 調査方法 | 半構造化面接法 | 半構造化面接法 |

出所：筆者作成

　インタビュー調査結果はSCATを用いて分析を行う。SCATで分析する理由は，明示的で段階的な分析手続きを有しているためである。大谷（2011）が指摘している通り，質的研究とは主観あるいは主体的解釈を積極的に用いるため，場合によっては恣意的なものや，独りよがりの主観による分析になってしまう危険性を有している。しかし，SCATを用いると分析の過程が可視化されて明示的に残るため，分析の妥当性を確認することができる。また，比較的小規模

のデータにも適用可能であり，シングルケーススタディにも適性があることも SCATを用いる理由の1つである。[1]

　ヒアリング調査は代表取締役社長に行った。また，インタビュー調査は海外子会社に駐在経験がある社員（現・国内本社管理職）に行った。ヒアリングおよびインタビュー調査対象は，大谷（2019）で示している3つの条件，すなわち，「フォローアップ・インタビューが可能であること」「言語化の能力が高いこと」「語りたいことがあり，筆者をその語りたい相手と認識してくれる人であること」を基準に選定した。

## 6.2.2　海外展開の経緯

　事例対象企業のスワニーの海外事業展開は，1959年，販路開拓を目的に海外へ輸出したところから開始した。1968年から1970年にかけて，国内において「池田スワニー」「徳島スワニー」「高知スワニー」をそれぞれ設立し，従業員が約200名になるなど，生産能力が急激に増強されていった。同時に，海外との取引きも増え始めていたが，その頃，当時の社名であった「三好繊維（Miyoshi）」が海外では発音されづらいという声が挙がっていたため，1972年に社名を「株式会社スワニー（Swany）」に変更した。社名の由来は，スワニーの所在地である香川県の旧白鳥町（現・香川県東かがわ市）の「白鳥（Swan）」によるものである。

　海外進出は，韓国から始まった。1972年から1978年にかけて，韓国に「韓国スワニー」「東洋スワニー」「亜細亜スワニー」を設立し，手袋の生産を開始した。寒い韓国であれば良い手袋を生産できるであろうと見込んで，韓国スワニーでは防寒用，東洋スワニーでは合皮のスキー用，亜細亜スワニーでは革手袋を主に生産していた。当初，韓国へ進出した目的は人件費問題を解決するためであったが，徐々に価格競争に敵わないようになり，1990年までに3社とも韓国からの撤退を余儀なくされた。

　韓国からの撤退には大きな試練が待っていた。労使問題にまで発展してしまい，日本および韓国のマスコミにも大きく報道されるほどであった。企業が人件費の安い地で良いものを製造するために生産地を変えていくということは，今ではどの企業でも当然のごとく行っていることだが，当時はほとんど前例が

なかった。その後，1980年にアメリカのニューヨークに「スワニーアメリカ」を設立した。製造拠点としてではなく，販売拠点としてアメリカ国内の小売店向けに販売を開始した。1984年には中国の江蘇省昆山市に「中国スワニー」，1988年，浙江省嘉善県に「長城スワニー」，1989年，江蘇省太倉市に「太倉スワニー」を設立し，中国全土で1,500人規模の生産体制となった。

　なお，スワニーの手袋はすべて国内本社で企画されているため，デザイナーは定期的にアメリカを訪問し，最新の流行，トレンドをとらえて商品開発へつなげている。また，アメリカ人幹部には中国の工場の生産ラインを視察させ，現場への理解を高めている。生産現場を知っているのと知らないのでは，営業力に大きな差が生じてしまうためである。

　韓国工場の後継として中国へ進出したのは，国内本社のメインバンクからの誘いがきっかけであった。合弁の比率や，社名を「スワニー中国」か「中国スワニー」にするかという協議（最終的には「中国スワニー」，英文は「Swany China」で決着）などあったが，中国ではじめてとなる工場を昆山に設立することができた。しかし，設立後も試練は続き，大きな赤字を抱えるまでとなった。そこで，一部の働かない現地社員に対して，中国ではタブーとされていた解雇に踏み切り，また，大きな反発を受けながらも歩合制を導入するなど企業努力を重ね，何とか難局を乗り越えていった。

　さらにその後，中国での人の確保が難しくなってきたことから，2012年に300人規模の「スワニーカンボジア」を設立した。カンボジアでは，能率給が固定月収を超える社員が，中国の9割に比べて1割しかおらず，また現地語がクメール語という難解な言語であるなど高い壁があったが，生産性は徐々に上がっている。なお，2004年，スワニーブランドのスキー手袋の販売拠点として「スワニーヨーロッパ」を設立しているが，2億円の赤字を抱えて2011年に撤退しており，すべての海外進出が順調であったというわけではない。

## 6.3 | 国内本社と海外子会社の関係性

### 6.3.1　海外子会社への組織文化移転

　はじめに，海外子会社を含めた組織全体の概要と現状について，2021年9月18日，スワニー本社にて，板野司代表取締役社長に半構造化面接法でヒアリングを実施した。板野社長へのヒアリング調査結果の主な内容をもとに，同社における国内本社と海外子会社の関係や，組織文化に関する事象をまとめたのが図表6－2である。

　スワニーの組織文化は，前社長の三好悦郎相談役の存在が大きく影響している。同氏は足が少し不自由であったが，海外営業時の経験から，国籍，人種，性別，年齢などにより差別されない文化を目指し，商品開発などを行ってきた。その精神がスワニーの組織文化として今なお引き継がれ，国内外ともに，上司，部下の距離が近いフラット型組織[2]の導入にもつながっている。

[図表6－2] ヒアリング調査結果の主な内容（板野社長）

| 海外子会社との距離感 | ● スワニーの組織文化は「分け隔てない文化」であり，日本人社員も外国人社員も同じ人間だという姿勢で常に接している。海外子会社でも，国内本社と同様に社員の誕生会を開催するなど，常にコミュニケーションを取るようにしている。海外子会社にも必ず社員食堂を設置し，出張時は社長自らがそこで現地スタッフと食事を共にし，目線合わせをしている。国内本社と海外子会社の間には，和気藹々とした"情緒的絆"ができあがっている。<br>● 海外子会社は，国内本社の1つの部門と同じように扱われているため，距離感はない。海外子会社の幹部とは，テレビ会議や，国内本社へ出張で来てもらったり，また国内からも現地へ出張したりと常にコミュニケーションを取っており，国境を感じていない。東京や大阪に行くことと中国に行くことは同じ感覚であり，精神的な国境は感じていない。中国工場に行っても，そこは国内本社にいるのと同じ感覚である。<br>● 中国工場のトップである総経理には，生産管理や人材マネジメント，給与など国内本社の部長と変わらない権限を与えているため，高い意識を持ち経営にあたってもらっており，改善提案などが現地から次々とあがってくる。 |

| 組織文化移転 | ● 国内本社採用の総合職社員は，若いうちに研修として約1年間，海外工場の生産ラインで人材管理や品質管理など国内本社では経験できないマネジメントの手法を学んでいる。駐在後，一度国内本社に戻り，また管理職として海外駐在することも多い。<br>● 海外子会社における経営理念は社是のみであり，スワニー憲章やクレドなどは持ち込んでいない。お国柄による様々な事情で，導入することは不適と判断しているため。そもそも会社に対してや働くことへの考え方は日中間でとても大きな違いがある。今は根底の理念である社是が海外子会社にも浸透し，日中間でも組織文化は共有されている。中国工場はすでに30年以上の歴史があり，日本に滞在経験のあるスタッフも多いため，日本人の考え方は十分に理解されている。<br>● 海外子会社の組織文化は基本的には日本と一緒である。例えば，海外子会社の現地社員には長く働いてもらっている。スワニーの考え方，すなわち転職を繰り返す欧米型とは相容れないという組織文化が浸透し，理解してもらっている。海外工場に国内本社の組織文化が与えている影響は大きい。 |
| --- | --- |

出所：ヒアリング調査結果をもとに筆者作成

## 6.3.2　海外子会社との距離感

　スワニーの国内本社と海外子会社との距離感は近い。海外子会社も国内本社と同等に扱われている。実際に収益は，国内本社と海外子会社で折半する形をとっているが，これは海外の工場をコストセンターにすれば，現地社員のモチベーションは上がらず，幹部候補を育てることができなくなると考えているためである。また，中国拠点のトップである総経理には，生産管理や人材マネジメント，給与など，国内本社の部長と変わらない権限が与えられている。基本的に海外のことは海外で意思決定がなされる仕組みとしており，国内本社と海外子会社は並列な関係にある。

　国内本社の総合職社員のほとんどは，通常，若手のうちに一度海外駐在を経験する。グローバル人材を育成するという研修の意味合いもあり，約1年間，国内本社では経験できない，現地の生産ラインに立ち，工場のマネジメントとして人材管理や品質管理を学んでいる。顧客に対しての提案や，営業を行う上では，生産プロセスや原価計算といったものづくりの基本的な知識が必要になるが，ものづくりの経験者でノウハウを持つ人材は国内本社よりも海外子会社

に多いため，この経験が帰任後の業務に大いに役立つことになる。海外駐在を経験すると，一度国内本社に戻るが，何年か後に再度管理職として駐在することも多い。

　ただし，スワニーの海外駐在は特別な異動ではなく，海外子会社も国内本社の１つの部門と同じように扱われているため，精神的な距離は物理的な距離ほど感じられていない。海外転勤も国内本社内異動と同じような感覚だという。また，海外子会社の幹部とはテレビ会議をしたり，お互いに出張したりと常にコミュニケーションを取っており，海外子会社の事業計画などは，国内本社と定期的に見直しを行っている。したがって，社内での感覚は，中国に行くことと，東京や大阪に行くことにさほど大きな違いはなく，そこに精神的国境はないという。

　その他にも精神的国境の解消のためになされていることがある。例えば，海外子会社にも社員食堂を必ず設置しているが，社長の海外出張時は現地社員と社員食堂で食事を共にしている。日本で言うところの「同じ釜の飯を食う」を実践し，一体感を醸成している。往々にして，国内本社の幹部が海外子会社を訪問する際には，現地企業の幹部らと会食するパターンが多いが，スワニーでは現地社員との交流も重要視されており，いかに海外子会社に溶け込めるかという分け隔てない文化が，トップ自らにより存分に実践されている。

　さらに，国内本社と同じように現地でも社員の誕生日会が開催されたり，カンボジア工場を設立した際は，現地の識字率が高くなかったため，通称「寺子屋」と呼ばれる言語を教える教室が設置されたりと，国内本社と海外子会社が同等にコミュニケーションを取れるよう随所に工夫がなされている。したがって，海外子会社にありがちな給与のためだけに淡々と働くのみで，会社や同僚たちには関心がないという社員はほとんどいない。

## 6.4　組織文化移転に関する分析

### 6.4.1　海外子会社における経営理念

　スワニーの海外子会社では，国内本社と共通の社是が浸透し，国内本社の組

織文化が海外子会社にも移転されている。なお，ここで着目すべきは，国内本社の経営理念として体系づけられている社是，スワニー憲章，クレドのうち，一番根底にある社是のみを海外子会社に持ち込んでいることである。なぜ海外子会社では社是のみでスワニー憲章とクレドも含めた理念経営を行っていないのであろうか。その理由は日中間の文化の違い，すなわち会社に対する考え方や働くこと自体への考え方の違いが大きいためとしている。例えば，中国には工会[3]があるが，この工会とのやりとりの中でも，日本との違いを実感することがあるという。したがって，国内本社と同じような構成で理念経営を行うのではなく，経営の大前提としている社是のみを持ち込み，海外子会社においては理念経営をしている。

## 6.4.2　分析方法

　続いて，実際に海外駐在を経験した社員から，海外子会社の実情についてインタビュー調査を行った。インタビューは，2021年9月18日，スワニー本社にて，現グローブ事業部の中尾伸課長に半構造化面接法で実施した。中尾課長にインタビューを行った理由は，スワニーの海外子会社において，生産拠点として工場を最も多く有している中国に長く駐在していたためである。したがって，海外勤務のうち，中国での駐在経験を中心にインタビューを行った。

　既述の板野社長へのヒアリング内容をもとに，スワニーの国内本社と海外子会社の関係性を把握した上で，中尾課長へのインタビュー調査の結果から，海外子会社の組織文化について分析する。板野社長へのヒアリング調査では，海外子会社は，国内本社と親子関係のように扱われているのではなく，国内本社のフラットな組織構成の延長線上にあり，いわば国内本社の1つの部署と並列の位置づけであるとのことだった。しかし，実際は国境をまたぐため，国内本社で働く日本人社員と海外子会社の現地社員との間では，考え方が異なって当然である。では，どのようにして国内本社の組織文化は海外子会社へ移転しているのであろうか。

　インタビュー結果の分析はSCAT（Steps for Coding and Theorization）を用いる。SCATとは，大谷（2008）が開発した質的データ分析方法であり，以下の手順で行われる。まず，テクスト（言語のデータ）をセグメント化（断片

化）し，それぞれに，〈1〉テクストの中の注目すべき語句を抜き出す，〈2〉抜き出した語句を言い換えるテクスト外の概念を入力する，〈3〉〈2〉を説明するためのテクスト外の概念を入力する，〈4〉そこから浮かび上がるテーマ・構成概念を入力する，といった順にコードを考案して付していく4つのステップのコーディングを行い，最後に，〈5〉テーマ・構成概念を紡いでストーリー・ラインを記入する。

　ストーリー・ラインとは，データに記述されている出来事に潜在する意味や意義を，主に〈4〉に既述したテーマを紡ぎ合わせて書き表したものであり，ストーリー・ラインを断片化することで，理論記述が行える分析手法である。テクストが「表層の出来事の記述」であるのに対して，ストーリー・ラインは「深層の意味の記述」であり，誰がどこで何をしたというような具体的な事実はわからなくてもよく，それらをわかるようにするための語を補う必要はない（大谷, 2019）。また，ストーリー・ラインは，「分析の結果明らかになった意味のプロットそのもの」であるため，分析の結果何が明らかになったかといった分析の経緯はない（大谷, 2019）。ストーリー・ラインを記述した後は，これまでの分析から言えることとして，理論記述を行う[4]。

### 6.4.3　分析の過程

　以下，テクストの内容を参照にしながらストーリー・ラインに基づいて分析を行う（図表6－3）。

**[図表6－3] 中尾課長へのインタビュー結果結果のSCAT分析過程**

| 発話者 | テクスト | 〈1〉テクスト中の注目すべき語句 | 〈2〉テクスト中の語句の言い換え | 〈3〉〈2〉を説明するようなテクスト外概念 | 〈4〉テーマ・構成概念 |
|---|---|---|---|---|---|
| 聴き手 | はじめに，海外駐在された場所と期間を教えていただけますか。 | | | | |
| | スワニーに入社してすぐに海外赴任となり，まず中国に4年間駐在し， | 合計で21年間続け | 長期海外駐在。 | 豊富な海外駐在経 | 豊富な経験による |

| | | | | | |
|---|---|---|---|---|---|
| 中尾課長 | アメリカに移って10年間，その後また中国に戻り7年間駐在しました。合計で21年間続けて海外駐在したことになります。駐在中，日本人は多くて3人，少なければ自分1人しかいなかったため，本社とのやりとりだけでなく，様々な活動で先頭に立って模範を示していく立場だと認識していました。 | て海外駐在，日本人は多くて3人，先頭に立って模範を示していく立場。 | 日本人駐在員は僅少。最前線でお手本を見せる役割。 | 験。リーダーシップ。 | 日本人駐在員としてのリーダーシップ。 |
| 聴き手 | 特に工場で多くの工員を抱えていた中国では，文化の違いを実感されたと思いますが，心がけていたことはありますか。 | | | | |
| 中尾課長 | そうですね，それはたくさんありました。日本にいれば，日本人同士が「あうんの呼吸」でわかるであろうことを，中国では当然ですが考え方が違いました。しかし，本社での考え方，日本人の考え方を一方的に押しつけるのではなく，意識的に現地社員の立場で考えるように心がけていました。現地社員にも本社の考えを理解してもらえるように，相互理解を促進させる役割だったと思います。 | 中国では当然ですが考え方が違い，日本人の考え方を一方的に押しつけるのではなく，意識的に現地社員の立場で考える。 | 日中の思考の差異。日本文化と国内本社文化の非強制。現地社員目線を心がける。意思疎通の深化に貢献。 | 国家文化および組織文化の違い。現地に合わせたコミュニケーション推進。 | 現地目線でのコミュニケーション推進が駐在員の使命。日本文化，国内本社文化の非強制。 |
| 聴き手 | 国内本社の考え方は理解してもらえましたか。 | | | | |
| 中尾課長 | はい。わかりやすい例では，一般的に海外は転職を繰り返す人が多いですが，スワニーでは，いまだに高校卒業してから定年近くまでずっと働く社員が多いんです。社員が長く働いてくれるので，経験と知識が積み重なって，彼らに安心して仕事を任せられる信頼関係ができていきました。 | 経験と知識が積み重なって，安心して仕事を任せられる信頼関係。 | 経験による知見。頼りがいある信頼関係。 | 現地社員の学習。社員一丸高い信用性。 | 現地社員の学習を通じた高い信用性。 |

| | | | | |
|---|---|---|---|---|
| 聴き手 | 具体的にわかりやすい事例はありますか。 | | | | |
| 中尾課長 | そうですね，例えばアクシデントなど急を要する問題が起きた時の対応力の速さや，それに対して皆で解決に向けて団結するチームワークを見る時など，彼らへの高い信頼度を実感しました。スワニーの，つまり本社の組織文化を感じる瞬間でしたね。 | 解決に向けて団結するチームワーク本社の組織文化を感じる。 | 一体感。国内本社と同じ組織文化。 | チーム一丸。国内本社と同じ組織文化。 | 一丸となったチームワーク。共通の組織文化。 |
| 聴き手 | 長く働く社員の方が多いということは，居心地がよいということですよね。 | | | | |
| 中尾課長 | 居心地よいと感じながら働いている社員は多いと思います。でも，中国でも本社と同様に業績評価を行って，日本人駐在員や，工場長，総経理から評価レビューを与えているので，馴れ合いのようなものは発生していないように思います。むしろ課題克服への道筋を一緒に提示してあげたり，昇進の可能性も示したりして，新しい意欲を出させるように努めています。 | 居心地よい，馴れ合いのようなものは発生していない新しい意欲を出させる。 | 快適，身内に甘い関係にしない。現地社員のやる気向上。 | 快適な職場をぬるま湯にしない。モチベーション創出。 | 快適な職場でもぬるま湯にしない。社員のモチベーション向上。 |
| 聴き手 | 中には反発するような社員もいたのではないでしょうか。 | | | | |
| 中尾課長 | 確かに工場内で，派閥というほどではないですが，小さな仲良しグループも見受けられました。でも，スワニーの組織文化とまったく違うということはなかったですね。組織文化はしっかりと根付いていました。 | 組織文化はしっかりと根付いている。 | 国内本社組織文化の定着。 | 国内本社の組織文化の海外移転。 | 国内本社の組織文化が海外子会社へ移転。 |
| 聴き手 | どのように国内本社の組織文化が中国工場に移転したのでしょうか。 | | | | |
| 中尾課長 | いろいろありますが，社長や部長など幹部が中国の工場に出張した際に，先頭に立って現地社員を指導してくれたことは，本当に助けられました。 | 日本と中国の間に国境はない。 | 国内本社と中国工場のボーダレス化。 | 日中の国境がない組織構造。 | 国境を感じさせない組織。 |

| | | | | | |
|---|---|---|---|---|---|
| | それを見ていると，まさに日本と中国の間に国境はないという感覚でした。中国工場は本社の延長線上にあるという感覚で，国内外どちらの立場でも国境を感じさせない環境にありましたね。 | 中国工場は本社の延長線上にある。 | 国内本社と中国工場が一枚岩。 | | |
| 聴き手 | 中国工場はどのような組織体系となっているのでしょうか。 | | | | |
| 中尾課長 | 国内本社同様にフラット型組織で，本社のフラット型組織が中国に持ち込まれたのだと思います。私が入社した頃からフラット型組織でしたが，おそらく先代社長の三好，現社長の板野が，中国の工場でも常にオープンな社風を築くことを心がけてきたことが，うまく機能している要因の1つかと思います。 | 国内本社同様にフラット型組織。中国の工場でも常にオープンな社風を築くことを心がけている。 | 国内本社と同様多階層組織ではない中国工場でも国内本社と同じ文化構築に尽力。 | 中国工場においても幹部と社員の距離が近い。国内本社と同じ組織文化構築に努める。 | 中国工場も幹部と社員の距離が近いフラット型組織。国内本社と同じ組織文化構築に努める。 |
| 聴き手 | 工具にとっては，自国である中国の文化の上にスワニーの組織文化を持ち合わせているのだと思いますが，とてもよい雰囲気のようですね。はじめからこのような状況だったのでしょうか。 | | | | |
| 中尾課長 | 今は中国文化とスワニー文化がうまく折衷していると思います。私が赴任した時は工場を設立してからすでに10年以上経っていましたが，設立当初の駐在員の先輩方は相当な苦労があったと思うし，実際に日本の考え方を現地社員に伝えていくのはとても大変だったと聞いています。今は新入社員が入ってきても，現場の管理者や班長から「これがスワニーの文化だから」と言われると，それが普通になってしまうという好循環が出来上がっています。私はそのよ | 中国文化とスワニー文化がうまく折衷。設立当初の駐在員の先輩方は相当な苦労。 | 国家の文化と組織文化の融合。海外子会社立ち上げ時の苦難。 | 国家文化と組織文化の相互理解。海外子会社立ち上げ時の困難。 | 国家文化と組織文化の融合。海外子会社立ち上げ時は苦難。 |

| | | | | | |
|---|---|---|---|---|---|
| | うな状況で赴任したので，それほど大きな苦労はありませんでした。 | | | | |
| 聴き手 | 御社の理念経営は中国でも実践されていますか。 | | | | |
| 中尾課長 | 社是は世界共通なので，中国の工場でも翻訳して壁に飾っていました。皆で唱和するなど浸透させるための活動は特にしていなかったのですが，社員間で社是に関する会話はよく耳にしていましたし，工員も社是の内容をきちんと理解していました。エピソードとしては，急な出荷に間に合わせるために，現場の工員だけでなく事務所の社員も総動員で残業をしていた時があったのですが，「自分には関係がないのに残業している」と不満を漏らす社員に対して，長く勤務している社員含め他の者たちが「いや，これは自分のために，社会のために，やっているんだ」と言い出し，皆が作業に集中して取り掛かってくれたことがありました。 | 浸透させるための活動は特にしていなかった。社員間で社是に関する会話。工員も社是の内容をきちんと理解。 | 社是浸透活動の未実施。社是を意識。社是の理解。 | 能動的な社是浸透。グローバルな経営理念浸透。 | 自然に社是が浸透。世界共通の社是がグローバルに浸透。 |
| 聴き手 | 工員たちに自発性が生まれていたのでしょうか。 | | | | |
| 中尾課長 | そうだと思います。よくわかる例として，中国で年2回開催している「中国スワニー会」というイベントがあります。そこで行われる工場対抗の「5S発表会」のために，工員たちは各部門の作業効率向上や整理整頓に対するアイデアを自発的に考えています。日頃からネタを蓄えている工員もいて，そのアイデアを聞くのも面白いですし，感心させられます。発表には社長をはじめとした本社の幹部からコメントが寄せられるので，皆がんばります。この場は本社の考えを伝える絶好の機会にもなってい | 工員たちは各部門の作業効率向上や整理整頓に対するアイデアを自発的に考え，国内本社の考えを伝える絶好の機会。 | 能動的な現地社員の言動。国内本社の組織文化移転の好機。 | 指示命令によらない現地社員の積極性。国内本社の組織文化移転のチャンス。 | 現地社員の自発的なやる気ある言動。中国工場へ国内本社の組織文化移転の良い機会。 |

| | | | | | |
|---|---|---|---|---|---|
| | ます。とても重要な行事なので，コロナ禍でもリモート開催で継続しています。 | | | | |
| 聴き手 | 具体的にどのようなアイデアが出ているのでしょうか。 | | | | |
| 中尾課長 | 「パーツの裁断効率を上げるための資材固定方法」のような簡単な気付きから，「楽な姿勢で作業ができる椅子」のような発明みたいなものまでありました。改善前後のデータを出して数字で実証されたものばかりです。このように発表前は，各工場で自発的な行動が続々と起きています。 | 各工場で自発的な行動が続々と起きた。 | 受け身でない現地社員の行動。 | 能動的に行動する現地社員。 | 現地社員の自主性が増幅。 |

（ストーリー・ライン）

　中尾課長は，入社後すぐに海外駐在し，豊富な経験による日本人駐在員としてのリーダーシップを発揮してきた。その後，長期に渡った駐在中では，現地目線でのコミュニケーション推進が駐在員の使命ととらえ，日本文化，国内本社文化の非強制を心がけてきた。現地社員の学習を通じた高い信用性が駐在員との間で構築され，また，国内本社の組織文化が海外子会社へ移転したことで，共通の組織文化は，一丸となったチームワークを生み出していた。快適な職場でもぬるま湯にしないよう留意することで，社員のモチベーション向上にも寄与していた。海外子会社立ち上げ当時は苦難があったが，中国工場も幹部と社員の距離が近いフラット型組織であったことも手伝って，国内本社と同じ組織文化構築に努め，今は国境を感じさせない組織となった。国家文化と組織文化が融合され，自然に社是が浸透し，世界共通の社是がグローバルに浸透されている。中国スワニー会は，中国工場へ国内本社の組織文化移転の良い機会のみならず，現地社員の自発的なやる気ある言動を生み，現地社員の自主性が増幅されている。

（理論記述）
- 日本人駐在員は，日本の文化，国内本社の文化を強制せず，海外子会社目線でのコミュニケーションを推進することにリーダーシップを発揮すれば，現地社員の学習を通じた高い信用性が駐在員との間で築かれる。
- 国内本社から海外子会社へ組織文化が移転することによりチームワークは深まる。快適な職場でもぬるま湯にならないよう留意することで現地社員のモチベーション向上にもつながる。
- 海外子会社も国内本社と同じフラット型組織にすると，現地社員にとっても幹部は近い存在となり，国境を感じさせない組織となる。国家文化と組織文

化の融合がなされ，グローバルに社是も浸透するようになる。
● 国内本社からの幹部が参加する現地で行われるイベントは，海外子会社への組織文化移転の良い機会となるのみならず，現地社員の自発的なやる気ある言動を生み，自主性が向上される。

注：ストーリー・ラインの下線箇所は<4>テーマ・構成概念からの引用

出所：インタビュー調査結果をもとに筆者作成

## 6.4.4　国内本社と海外子会社間の組織構成

　以上のSCAT分析から，ストーリー・ラインおよび理論記述を中心に分析を行う。まず着目すべきは，日本の文化，そして国内本社の文化を海外子会社に強要していない点があげられる。結果的に国内本社の組織文化が海外子会社へ移転しているのだが，はじめから押しつけることをしていない姿勢は現地社員にも伝わり，現地化，すなわちローカライゼーションを実現している。さらに，国内本社と海外子会社がそれぞれフラット型組織であり，並列な関係でつながっていること（**図表6−4**）も，グローバルレベルで組織文化が移転することに有効に働いていたと考えられる。

　国内本社の組織文化が海外子会社へ移転したことは，退職者が減り，多くの現地社員が長く勤務するようになった要因の1つだと考えられる。なぜなら，多くの社員が長く勤務することは国内本社と同じ現象だからであり，国内本社

[図表6−4] スワニーの国内本社と海外子会社の組織構成イメージ

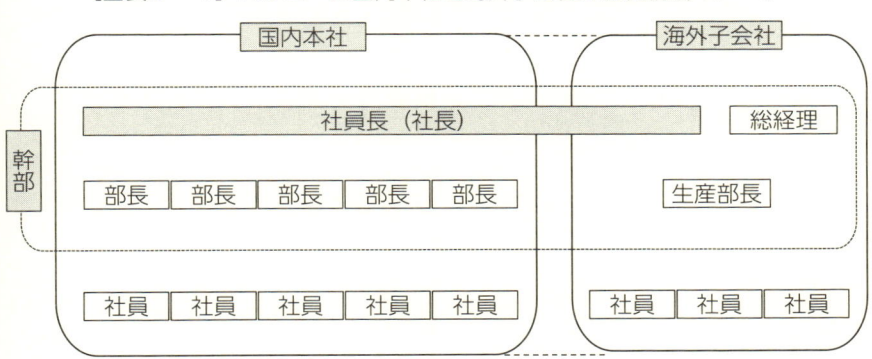

出所：インタビュー調査結果をもとに筆者作成

の組織文化が海外子会社においても浸透している証であろう。スワニーの組織文化は，海外諸国に多い転職を繰り返す文化と異なる。海外子会社に組織文化が移転することで，現地社員が長く勤務するようになり，経験と知識を通じた学習が積み重なり，業績面において好材料となるばかりでなく，現地社員間，および国内本社との関係においても信頼関係が築かれ，チームワークの結束が高まっている。このように，海外子会社にも国内本社の組織文化が移転，浸透することで，結果的に海外子会社を長期にわたり運営できていると考えられる。

## 6.5　組織文化移転のメカニズム

### 6.5.1　国内本社と海外子会社間の並列な関係

　スワニーの国内本社の特徴は「社員本位の経営」であり，社内では常にオープンなコミュニケーションが交わされている。中間管理職がいないフラット型組織であり，経営会議メンバーの部長以上の9人以外は，役職はそれぞれあるもののほぼ並列な関係であり，ヨコのつながりが強い。オープンな風土で，超長期戦略と人事情報以外は，経営会議の内容や月次決算も含めすべて社員に公開されている。

　このように社員誰しもを人として尊重する，分け隔てない平等な組織文化がスワニーの原動力であるが，組織文化は，国内本社と同様に海外子会社にも広がっている。組織文化の根底には，前社長の三好悦郎相談役の影響が大きい。同氏は足が少し不自由であったが，海外を飛び回り，手袋の販売や開発を行ってきた。その時の経験から，日本人も外国人も同じ人間であり，国籍，人種，性別，年齢などにより差別されない文化を目指し，商品開発などを行ってきた。その精神がスワニーの組織文化として今なお引き継がれており，国内本社のみならず，海外子会社においてもフラットな組織構造が導入されている。つまり，国内本社のフラット型組織が海外子会社にも延伸されているということであり，親会社と子会社の関係ではなく国内本社と海外子会社はまったくの並列な関係である。

　他にも海外子会社が国内本社と同様に扱われている例として，中国拠点の

トップである総経理には，生産管理や人材マネジメント，給与など，国内本社の部長と変わらない権限が与えられているが，体制面においても，国内本社と海外子会社の並列な関係性が維持されている。基本的に海外のことは海外で意思決定ができるよう，現地トップ（総経理）とナンバー2（生産部長）に任せているが，2人とも中国籍で現地採用である。また，国内本社での就業経験があるため日本語ができ，スワニーの組織文化を十分に体得している。

　板野社長がコメントしていたように，海外子会社は国内本社の1つの部門と同じように扱われており，精神的な距離は物理的な距離ほど感じられていない。現地幹部とは常にコミュニケーションを取っており，海外での事業計画などは，国内本社と一緒に定期的な見直しを行っている。したがって，社内での感覚は，中国やカンボジアに行くことと東京や大阪に行くことにさほど大きな違いはないというように，並列な関係性は国内本社から海外子会社へ続いており，決して国内本社の意向を押しつけることもしていない。中尾課長は，国内本社と海外子会社の並列な関係性を念頭に，日本人駐在員の立場で国内本社の組織文化を強要せず，海外子会社と対等な関係を築く役割を果たしていた。

　その他にも，「国境を感じていない」という板野社長のコメントにあるように，現地社員たちに国内本社との一体感を与えている。社長を含む幹部自らが海外子会社を訪問する際には，必ず社員食堂で現地社員たちと食事を共にしたり，カンボジア工場では識字率を上げるための研修として社内に教室を設置したり，国内本社と海外子会社という違いこそあれ，差別なく，国内本社と海外子会社が同じ目線に立ってコミュニケーションが取れるような並列な関係性構築を日頃から推進している。

## 6.5.2　海外子会社における社是の存在

　国内本社の社員，海外子会社の社員ともに，勤務地は違っても自分たちはスワニーの一員であることは変わらないという感覚を持っている。そのため，海外子会社でありがちな給与のためだけと割り切って淡々と働くのみで，会社や同僚たちには無関心という社員はほとんどいない。日本と違い海外は，マネージャークラスとワーカークラスは，採用，社内育成，給与体系，昇進制度など様々な面において明確に区別されていることが多い。他方，日本ではこの両タ

イプは独立しているわけではなく，例えば生産ラインに立っていた社員が昇進や人事異動でマネージャー職に就くという同一企業の長期雇用は珍しいことではない。しかし，海外でブルーカラーからホワイトカラーへのキャリアパスを考えるのであれば，同一企業内ではなく，転職するのが一般的である。

　スワニーの海外子会社においては，まさに日本タイプが持ち込まれていることになる。国籍，人種を超えて皆同じく平等だという分け隔てない組織文化が移転しており，そのような環境下，改善提案などが現地からあがってくることも珍しいことではなく，現地社員からも幹部が育っている。逆に居心地の良さが度を超えないような対応も取られている。中尾課長のコメント「馴れ合いのようなものは発生していない」が示しているが，「ぬるま湯」に浸かっている状態にならぬよう，言いたいことを言い合える関係が維持できるように努め，業績評価面談などを中心にコミュニケーションがしっかり取られている。

　いわば，海外子会社も国内本社の1つの部署と並列な位置づけにあるのだが，実際は国境をまたぐため，国家の文化も異なり，国内本社の組織文化を身に付けている日本人社員と，海外子会社の現地社員との間では，様々な面で考え方が異なって当然である。では，どのようにしてそれらをうまくつないでいるのであろうか。その1つが，組織文化形成には欠かせない経営理念であった。国内本社では，経営者が制定した「社是」と「スワニー憲章」，そして，社員有志のクレド委員会が創り上げた「クレド（信条）」をもとに理念経営を行っているが，それらのうち，社是「自分のために　社会のために　世界のために」は世界共通であり，海外子会社にも浸透している。社是ははじめての対外直接投資であった韓国進出時に作成されたが，組織文化移転のバウンダリー・オブジェクトとして，国内本社と海外子会社をつなぐ役割を果たしていた。

### 6.5.3　海外子会社におけるブローカー

　中国スワニー会においても「各工場で自発的な行動が続々と起きている」ということからもわかるように，実践コミュニティのブローカー役を果たしている者がおり，円滑な組織文化移転の実現に貢献していた。ブローカー役を果たしているということは，すなわち異文化および国内本社の組織文化を受け入れているということだが，長く勤務しているからといって誰にでもできることで

はない。ブローカー役を担えるのはまさにグローバル人材であり，国内本社か
ら海外子会社への組織文化移転をアシストしている。ブローカーの貢献により，
現地社員に経験や知識が積み重なり，業績面にも好影響を与え，組織文化も確
固たるものとして引き継がれている。

　ブローカー役となる長く勤務する現地社員が多くなってきたのは，国内本社
の組織文化が海外子会社へ移転していることも大きな要因であろう。海外子会
社で退職者が減っていることは，国内本社と同じ現象で，海外に多い転職を繰
り返す文化と異なり，国内本社の組織文化が海外子会社にも移転している証で
ある。身近にいる同僚に，長く勤務している社員が多ければ，それが当たり前
のことだと感じられ，自らも長く勤めようかと思える好循環も生まれている。
経験豊富で国内本社勤務も経験している現地社員がブローカー役を担うことで，
海外子会社においても基本的には国内本社と同じ組織文化が存在している。

　海外子会社が国内本社と並列に扱われていることから，現地社員は国内本社
の意向を押し付けられる心配がない。海外子会社の現地社員たちは国内本社と
の一体感を感じ，部外者感を持っていない。したがって，国内本社と並列に扱
われている海外子会社の現地社員には"心理的安全性"が生まれているとも考
えられる。心理的安全性は，社員の危機意識の低下や思考の停止にもつながり
かねないという懸念もある。しかし，スワニーにおける心理的安全性とは，
"ぬるま湯"ではなく，国内外の並列な関係性の中で言いたいことを言い合え
る関係が構築されている状態である。

## 6.5.4　海外子会社における実践コミュニティの事例

　海外子会社においても，国内本社と同じく実践コミュニティの動きが見られ
た。中国工場では，社是を中国語に翻訳して執務室内の壁に飾っているが，皆
で唱和するような活動はしていない。しかし，ごく自然に社是が現地社員間に
浸透している。海外子会社における社是は，当然ながら国内本社よりも馴染み
が薄いものとなる。国内本社でつくられた社是は，海外子会社に勤務する社員
にとっては国内本社勤務の社員よりも身近なものではなく，また，社是に触れ
る機会は少ない。したがって，社是に対してアクセスの度合いに制限が生じる
のは必然的であるが，国内本社との目線合わせで軽減されている。例えば，国

内本社の幹部は，海外子会社の社員たちにも国内本社と同様に指導したり，社員食堂で一緒に食事をしたりするなど，海外子会社を国内本社の延長線上に位置づけている。国内本社同様にフラット型組織であるスワニーの海外子会社は，ヨコの連携から実践コミュニティが形成されやすく，学習が積み重ねられている様子が確認された。

　実際に，現地社員間の会話で，社是についての意味の交渉が行われており，社是への理解度が深化されていた。例えば，急な発注等でやむを得ず定時後の業務を余儀なくされて不満を漏らす現地社員に対して，長く勤務する現地社員が，取り組んでいる業務の内容を社是にあてはめて，「これは自分のためだけではなく，社会のためにやっているんだ」といった説明をして説得する場面が見られている。ここで注目すべきは，長く海外子会社に勤務しスワニーの組織文化を持ち合わせている現地社員が，実践コミュニティのブローカーの役割を果たしていたことである。

　春と冬の年2回，中国で開催されている「中国スワニー会」においても，準備段階等で実践コミュニティの動きが見られた。中国スワニー会は，春は中国の4工場が持ち回りの1工場に集まり，冬は，国内本社の幹部が4工場を巡回する。そこでは経営会議が行われるが，特に春は工場ごとにテーマ別発表会も併催されている。その発表に際し，各工場で実践コミュニティが形成されていることを確認することができた。各工場で自発的に集まった現地社員は，発表の準備のために議論を重ね，例えば「パーツの裁断効率を上げるための資材固定方法」「楽な姿勢で作業ができる椅子」などのアイデアを出し合い，改善前と後のデータとともにまとめて，わかりやすく，アピールできる内容に仕上げている。これらの発表に対しては，国内本社の幹部からのコメントも寄せられるため，毎年工場間での競争意識は高まっている。また，他の工場の発表内容を，自分の工場を改善するための参考にするケースも多く，競争だけでなく，組織全体としても貴重な場となっている。

## 6.6　海外子会社との並列な関係性

　スワニーでは，海外子会社に組織文化が移転されることで，現地社員間で心

理的安全性が高まり，退職者が減り長く勤務する社員が増えていた。現地社員に経験や知識が積み重なることで業績面にも好影響を与え，組織文化自体も確固たるものとして引き継がれていた。国内本社の組織文化が海外子会社にもしっかりと移転することで，駐在員が交替しても組織文化が揺らぐことはなく，小グループなどによるサブカルチャーが出現しても大きな問題は発生していない。

　国内本社から海外子会社へ組織文化を移転させるにあたり，海外子会社においても国内本社同様のフラット型組織を導入することが効果的であった。国内本社も海外子会社も分け隔てない経営を行っているスワニーにとって，国内外がフラット型組織でつながっていることは何ら特別なことではなく，海外子会社も国内本社の一部として，ごく自然に扱われている。つまり，海外子会社も国内本社の部署の延長線上にあるという位置づけで，両者は並列な関係性である。海外子会社との精神的な国境が解消されることにより一体感が生まれ，スムーズな組織文化移転が実現され，それによって海外子会社への知識移転と，海外子会社での創意工夫も両立されていた。また，現地社員の居心地が良くなりすぎることで悪影響が出ないようにも留意していた。

　国内本社と海外子会社をつなぐバウンダリー・オブジェクトとしては，世界共通の社是が活用されていた。長く勤務している現地社員が仲介者としてブローカーの役割を担っていた。スワニーの組織文化をよく知る日本人駐在員はいるが，少人数であるため，現地社員がブローカー役を担えることはとても効果的である。

　国内本社と海外子会社にフラット型組織を導入し，並列な関係性を構築，維持することや，実践コミュニティを通じた海外子会社への組織文化移転は，大企業の規模では難しいであろう。柔軟性，機動性，小回り性といった経営上の特性を持つ中小企業に優位な組織文化移転の組織マネジメントだといえる。なぜなら，例えば大企業であれば，社長が海外子会社へ出向いて現地社員の一人ひとりと直々にコミュニケーションを取ることは現実的に難しく，また，実践コミュニティが形成されやすいとされるフラット型組織は，大企業よりも中小企業に多いためである。中小企業は駐在員として派遣できる人材を確保することが難しく，育成する資金も十分でないことが多いが，組織マネジメント次第

で，海外子会社への知識移転と海外子会社での創意工夫を両立させることもできる。

実際に今後スワニーでは，国内本社の規模を拡大する予定はなく，仮に社員数を増やすとなると海外子会社を国内本社の一部門と見なすことが難しくなるためだという。このように国内本社と海外子会社を分け隔てなく，並列な関係性を保って組織マネジメントしているため，海外「子会社」という主従関係がある呼び方ではなく，海外支店という呼び方が適切であろう。

 **注**

1　大谷（2019）によれば，SCATでは，コードを使った分析とはいえ，最初から最後までテクストのデータを見ながら分析を行うため，大量のデータを取り扱ったり，大規模なデータを分析したりするのは困難であり，むしろシングルケースのような小規模なデータ分析に適している。
2　本研究におけるフラット型組織とは，「意思決定ラインの階層（特に管理職）を減らした組織」を指す。日本に多いピラミッド型組織において，中間管理職をなくすなど階層をフラットにすることで，上層部に集中しがちな権限を分散させ，意思決定のスピードアップを図ることができる。
3　中国には，労働者組織の工会について定めた「中華人民共和国工会法」がある。日本の労働組合に近いが，工会は企業と労働者の間に位置づけられる中立的な組織である。
4　大谷（2019）によると，ストーリー・ラインはデータの深層の意味を再文脈化した，複合的で構造的な記述になっているため，ストーリー・ラインを断片化することで理論記述が行える。これは，新しい理論を創出するわけではなく，理論はすでにストーリー・ラインに埋め込まれているはずであり，したがって，理論とは，普遍的かつ一般的に通用する原理のようなものではなく，「このテクストの分析によって言えること」となる。

第**7**章

# 事例研究Ⅲ
# 組織文化形成における
# 実践コミュニティの貢献

## 7.1 追加事例研究

　第5章および第6章のスワニーにおける事例分析から，経営理念浸透から組織文化形成への過程において，国内本社，海外子会社ともに実践コミュニティが確認された。組織文化形成に実践コミュニティが有効であることはわかったが，本章では，より実践コミュニティの貢献を深掘りする。特にスワニーの国内本社と海外子会社の事例からわかったように，歴史的，文化的なコンテクストが異なるメンバーを多く含む実践コミュニティが経営理念浸透から組織文化形成に貢献していたが，本章ではその点をより追究していきたい。

　そこで，スワニーの事例分析を補強する目的で，株式会社天彦産業（以下，天彦産業）を取り上げる。天彦産業を選定した理由は，まず，組織文化が形成されていると社内外において評価されている中小企業だからである。加えて，実践コミュニティが確認しやすい100名以下の中小企業で，理念経営を行っており，かつ，アジアに海外子会社を保有しているなど，スワニーと相似している。

## 7.2 天彦産業の概要

　天彦産業は，創業150年を迎える特殊鋼やステンレス鋼の流通，販売を行うグローバルな中小企業である（**図表7－1**）。1875年，滋賀県にて鋸（のこぎり）の製造業として創業した。天彦産業の経営理念といえば「社員第一主義」

というほど，社内外で広く公言されている。創業時は「三方よし」の精神で始まったが，紆余曲折を経て，現在は「社員第一主義」を前面に打ち出している。現社長は6代目になるが，これまで会社が積み上げてきた歴史や伝統を継承し，「五方よし（社員とその家族，外注先・仕入れ先，お客様，地域社会，株主様）」をベースとして，「いつまでも働きたい会社」「子どもや孫も入りたい会社」「つながり続けたい会社」となることを目標に経営している。

　海外拠点は2007年，上海に販売会社として現地法人を設立，翌2008年，バンコクに加工拠点として現地法人を設立している。また，国内本社でも海外営業として，ウェブサイトを通じた海外戦略も展開している。このウェブ販売事業のチームでは，女性が中心となり取り組まれているが，元々は産休・育休明けの女性社員が復帰するタイミングで始まり，今は天彦産業の柱に成長した。海外売上比率は順調に推移し，現在では50％を超えるまでになった。

　女性が活躍する企業としても注目を集めており，2008年にはくるみんマークを取得，2013年にはダイバーシティ経営企業に選定され，2015年には大阪市女性活躍リーディングカンパニー（2つ星）に認証され，2018年には関西財界セミナー賞で輝く女性賞を受賞している。女性が活躍することと女性を優遇することは別であり，決して女性社員を特別扱いしているということはない。人事も評価も給与体系も，男性社員と同じ条件である。長年日本では，鉄鋼業界は男社会だと認識される風潮があったが，女性が活躍するワークライフバランス

[図表7－1] 天彦産業の概要

| 企業名 | 株式会社天彦産業（https://www.tenhiko.co.jp/） |
|---|---|
| 法人設立 | 1944年（1875年創業） |
| 資本金／年商 | 2,083万円／54.9億円（2022年3月期） |
| 代表者 | 樋口威彦　代表取締役社長 |
| 本社所在地 | 大阪市中央区本町2-1-6　堺筋本町センタービル15階 |
| 社員数 | 44名（2023年7月） |
| 主な取扱商品 | 国内外における特殊鋼，ステンレス，シリコロイの素材販売，加工販売 |
| 海外拠点 | 中国，タイ |

注：資本金／年商，社員数はいずれも調査時点

出所：ウェブサイト等の資料をもとに筆者作成

が充実した企業だということで，2014年4月18日には，当時の安倍総理が天彦産業を視察訪問している。

## 7.3 経営理念浸透による組織文化形成

　社員第一主義をわかりやすくするために，また実行しやすくするために「3H（3つのHappiness）」①自らの幸せの追求（やりがい，生きがい），②家族の幸せの追求（絶対的支援者），③会社の幸せの追求（社会的な存在価値）を示し，真の幸福を追求するとしている。自分の幸せと家族の幸せを追求していけば，必然的に会社も良くなるという考えに基づいており，この3Hが達成できれば真の顧客幸福につながるという経営理念である。経営理念で家族の幸せ追求を宣言する会社は多くないが，具体的には，ボーナスの支給時に本人宛てと家族（配偶者）宛てに手紙を出したり，奥様ボーナス（独身社員にはお母様ボーナス）を支給したり，家族の支援が何よりも大切だという考えを大事にして実行している。

　経営理念である「社員第一主義」の浸透から組織文化が形成されている状況で，最もわかりやすい例としては「休暇の取りやすさ」が挙げられる。社員第一主義の一環として，社員が家族と一緒の時間が少しでも多くなるように，年次有給休暇が取りやすい組織文化が根づいている。以前，ある社員が子どもの入学式に出席するために休暇を申請したところ，同社員の上長が却下したということがきっかけとなった。以降，当時の社長（現会長）は，「社員第一主義」に基づき，入学式，卒業式，運動会，授業参観日などの子どものイベント時には，必ず休暇を取得して参加できるようにすることに注力してきたが，それが現在，お互い様精神として組織文化となり，完全に根づいている。休暇の制度を作るよりも，すでにある休暇が取りやすいという組織文化を作ることにより重点を置いている。

　以上のような天彦産業の経営理念浸透から組織文化形成において，実践コミュニティが果たす役割について分析するために，3人からインタビュー調査を行った。インタビューは，経営理念である社員第一主義の浸透から組織文化形成に至るプロセスを実際に体感してきた3名を選定して行った（**図表7−**

2）。事例分析は，訪問およびオンラインによるインタビュー調査の定性的研究方法を用いた。

[図表7-2] インタビュー調査の概要

| 対象者 | 実施日 | 場所 | 調査方法 |
|---|---|---|---|
| 取締役会長<br>樋口友夫氏 | 2023年7月13日 | 大阪本町オフィス<br>（大阪市中央区） | 半構造化面接法 |
| 営業部次長<br>伊藤美保氏 | 2023年7月26日 | オンライン | 半構造化面接法 |
| 経営企画部<br>シニアアドバイザー<br>上田勉氏 | 2023年8月9日 | オンライン | 半構造化面接法 |

出所：筆者作成

　1人目は，社員第一主義を打ち出し，浸透に尽力してきた前社長の樋口友夫会長である。2人目は，天彦産業発の産休・育休を取得し，復帰後に海外へのウェブ販売事業を始め，リーダーとして同社の事業の柱に成長させた伊藤美保営業部次長である。3人目は，天彦産業の変遷を長く知り，経営者目線ではなく社員目線で同社の組織文化を語ることができる上田勉経営企画部シニアアドバイザーである。いずれも半構造化面接法で実施し，インタビュー調査の主な内容をまとめたのが，それぞれ**図表7-3**，**図表7-4**，**図表7-5**である。

[図表7-3] インタビュー調査結果の主な内容（樋口会長）

| 天彦産業入社までの経緯 | ● 6人兄弟の末っ子。上の5人は常にトップの成績だったのでコンプレックスを抱えて育った。兄弟と比較されることを恐れ，就職も同じ道は歩まないようにと，元々好きだった芸人を目指し，大学時代アルバイトで貯めたお金は，ほとんど吉本興業の観覧に使っていた。当時は吉本興業の芸人養成所がなかったので，芸人に直接弟子入りを何度も志願したが，全員に拒否された。コンプレックスを持って世の中を逃げているやつと見破られていたと思う。<br>● 創業者から同族経営が続いていたことにずっと疑問を持っていたことから，はじめはあえて天彦産業には入らなかった。しかし，4代目社長だった兄の窮状を知って入社。2005年6月から2022年5月まで5代目社長を務めた。 |
|---|---|

| | |
|---|---|
| 天彦産業の特色 | ● 女性が活躍している会社ということで,「くるみん」「ダイバーシティ」などいくつか受賞している。自分でもなぜ女性絡みの受賞が多いのか不思議だった。鉄の業界は男社会と思い込んできたが,まったく違った。周囲からは珍しく映ったと思うが,女性登用を目指してきたわけではなく必然的にそうなり,2014年に安倍総理（当時）が訪問されるきっかけとなった。男女の給与体系は一律にしているので,当然ながら同じ年次でも女性のほうが高給というケースもあるが,何の文句も出ないし問題もない。夫婦で妻側の役職が上ということもある。実力が適正に認められているということ。<br><br>● 採用について,出身大学にはこだわっていない。実際に有名大学からの応募もあるが,必ずしも最終面接に残るとは限らない。理由は,組織文化が合わないこと,育てる自信がないことなど,すなわち将来的にお互いマッチしなくなる可能性が高いためである。 |
| 経営理念／組織文化 | ● 社長就任後,過去に何度も倒産危機を目の当たりにしてきたことから,また,経営に自信がなかったことから,経営者だけの経営では無理だと「社員第一主義」を経営理念に掲げた。ところが,先輩経営者が何人も来られ,「社員第一主義で経営したら会社がつぶれるから止めろ」と口を揃えて言われた。<br><br>● 社員第一主義をもっとわかりやすくするために,「3H（3つのHappiness）」すなわち,「まずは自分の幸せを追求してくれ」「次に自分の幸せを追求するためには家族の協力が必要なので家族の幸せを追求してくれ」「これら2つができるようになれば会社は必ずよくなる」を掲げて,社内で浸透させてきた。「自分の幸せを考える」について,周囲からは優しい会社と言われるが,実は違う。幸せを感じる時は物事を達成する時。したがって,常に目標を立て,それをクリアしていくことが大事だと言っており,それほど優しいことではない。<br><br>● 一般的に社内の制度設計ばかりが注目されがちだが,制度自体よりも組織文化が重要だと考えている。例えば休暇は,日数や種別を増やすことより,いかに取得しやすくするかを重視すべきである。今は,年度初めに1年分の休暇を予定させていることで休みが取りやすくなり,海外旅行にも行きやすくしている。誕生日や家族の行事なども同様に休暇扱いとしている。入学式や卒業式などの子どもの学校行事の日は,当初約1年半,強制的に休みを取らせていた。そうすると,休暇の翌日はいつも以上に一所懸命働くようになり,他の社員も休暇が取りやすくなり,「お互い様経営」と呼ぶようになった。<br><br>● なるべく有給休暇は病気ではなく元気な時に取得するようにと話している。周囲を気にせず自然体で休暇取得できる組織文化が浸透している。例えば, |

女性職員が1週間休暇を取得し海外旅行した後，社内ブログに旅行記を書いていた。長期休暇を取得しても後ろめたさを感じていない。

- 社長就任が決まった後，実際にバトンを受け取るまでの3カ月間，自信がなく，まともに寝られない日が続いていた。就任初日，全社員の前で「自分1人で経営したら，この会社は絶対につぶれてしまう。皆に経営に参加して欲しい」と話した。「大型トラックも運転できない，鉄板を切ることもできない，経理の仕訳もできない。その代わり，何かあれば全責任を取る」と言い続けた。本音を話したので，その後は寝られるようになった。10年後，当時いなかったメンバーも増えたので，再度同じ話をした。話の後で，中堅社員が若手社員に，社長の話は本当だからちゃんと経営に加われよ，と話していた。「社員第一主義」が浸透していると確信した。

- 「社員第一主義」で「全員が経営に参加して欲しい」と常に話しているが，実態として，例えば新入社員は何をどうすればよいのかわからないかもしれない。そこで，「朝から元気に挨拶することは経営に参加していることと同じ」などと話している。中には率先して社内掃除をする新人もおり，何かしらの形で会社の役に立っているという感覚を持つようになっている。

- 社長の仕事は社員のモチベーションを上げることだと考えている。利益が目的になってはいけない。あくまで利益は結果であり，経営者の経営だけで利益が出たのではなく，社員が利益を上げているのである。

---

**委員会活動**

- 管理職チームが「Smile Echoes Project」を作り，将来どういう会社にしていくべきかを考えている。その後，経営陣と管理職チームが定期的に会議を開催している。経営者のみで経営しているわけではない象徴である。

- お客様との関係で，納期，品質，管理などは基本価値であり，絶対に守らなくてはならない。他にも予想外価値，痒いところに手が届くという価値があるだろう。例えば，切削した屑が付いたまま出荷していたところ，出荷先で拭いているところを見た19歳の社員が拭いてから出荷するようにすると，それが好評となり，他社分の仕事も回ってきたということがあった。このような社員の自発的な行動も増えている。

- 44人の会社で，部署は4つ。業務だけでは社員の長所は見つけられないが，ヨコのつながりによる委員会活動がある。役員以外は全員どこかに所属することにしている。各委員会の委員長は若手が担うこともある。仕事とは違う意外な能力を発揮することがよくある。はつらつ委員会の委員長は2年目の女性社員。そこでマネジメントを学んでいる。

- 事務所が中心部に移転してきた関係でスペースが狭くなったときは，誰からの指示でもなく，社員が「ペーパーレス」を検討したり，また，業務に効率的なレイアウトを考えたりしていた。下から自発的にあがってくる文化があるが，役員はそれに対して口を出さないようにしている。実際に上がってきたものに対して協議して役員会に諮るということはしている。他

| | にも同様の事例は多い。 |
|---|---|
| 海外事業 | ● 産休から復帰予定の女性社員と電話した際に，産休中はウェブで買い物をしていたという話が出たので，特殊鋼はウェブ販売ができないかと聞いてみたところ，その後，海外へウェブ販売するための綿密な企画書が出てきた。これが現在のウェブ販売の原型となっている。<br>● ウェブがきっかけで大きな発注につながることがある。海外からは「こういうものを作りたいが適材はないか」「この材料でこういうものを作りたいが正しいか」といった問い合わせが寄せられる。旧来の営業は，1,000件当たって3つ取れたら良い方という考えだったが，ウェブでの問い合わせはニーズがあるから寄せられるので必然的に打率が高くなる。鉄鋼業界における海外取引にはそのような窓口がないこと，さらに日本への信頼性が高いことから，問い合わせは増えている。社員が自発的に始めてここまで大きくなった。<br>● 上海とタイの海外拠点にも「社員第一主義」が浸透している。こんなに社員を想ってくれているのかと感じているようで退職者がほとんどいない。社員第一主義は世界に通用すると思っている。 |

出所：インタビュー調査結果をもとに筆者作成

[図表7-4] インタビュー調査結果の主な内容（伊藤次長）

| | |
|---|---|
| 産休・育休の経験 | ● 産休・育休を取得して今は復職したが，入社当時は，結婚，出産後も勤め続けている女性はいなかった。つまり，結婚，出産を経ても働き続けている女性は自分が第1号だった。フルタイムでの勤務と育児の両立は大変だった。見本となる先輩社員はいなかったが，その意味では自分が今後の女性社員たちのモデルになるという想いはずっとあった。出産後も働き続けるとなると，無理しすぎてそれが当たり前になると困るので，そこは留意してきた。<br>● 当時はまだ前例がなかったので，朝の時差出勤や，フレックスなど，社内ではとても目立つ存在だった。その他にも，仕事の途中で保育園から呼び出されて帰る時など気を遣ったが，キリがないのである程度図太く割り切ってやってきた。それでも与えられた仕事はきっちりやって会社の役に立ちたいという意識はずっと強くあった。その後，産休・育休を取得する後輩社員が続いてくれたので，自分がやってきたことが参考になったと思う。今では男性社員も子育てに参加するようになり，育児が大変なことは社内でも理解してもらえるようになってきた。 |

- 復職してウェブセールスに関する海外営業の仕事をするようになったが，休んでいた分，会社の役に立たねばという想いが強かった。休暇取得中に後輩が家に遊びに来ると，「仕事が大変だ」という愚痴を聞き，休んでいる立場としては申し訳ない気持ちになったが，その後輩たちが，今その時の自分と同じ立場となり休暇を取得している。「お互い様」でサポートし合うというのは当たり前で喜ばしいことである。

| | |
|---|---|
| 海外事業 | ● 海外営業に関するマニュアルは，関係者全員が理解しやすいように毎年改定している。休暇が取りやすい会社ということは，必然的に欠員も多くなるということであり，休暇を取得している社員をフォローする時に業務内容がわからないと助け合えないので，マニュアルはわかりやすく作っている。例えば，社員によってタイ向け営業はわかるが，台湾向け営業はわからないということもあるし，また，在来船はわかるけど，コンテナ船はわからない，などということはよくある。わからないこともわかるようなマニュアルになるよう工夫している。他方で，社員一人ひとりの実務の幅を広げていき，休暇を取得する社員のフォローができる社員を増やすように心がけている。<br>● 現状のウェブ販売について，会議などで様々なアイデアが出る。改善策や新たな案がよくあがってくる雰囲気がある。 |
| 社員第一主義 | ● 前社長は「自分1人では経営できない，自分だけに任されると会社は潰れてしまう」と口癖のように言っていた。前向きで率先して取り組むことが求められている社員像である。したがって，これやりたいな，これやった方がよいのでは，という時に通りやすい文化がある。社内の委員会活動でも，若手を中心に新しい，良いアイデアが出ている。<br>● 部下や後輩を育成する時に，「社員第一主義」はより浸透していくのだと思う。「こういう会社でありたい」という社員の思いを大事にしながら育てるようにしている。どのように声掛けすべきか，またどのように気配りすべきかを考えている。若手との間にはギャップもあり，中間管理職がそのようなギャップをしっかり埋めていき，両者の考えがかけ離れないようにしていくことが大事だと考えている。 |
| | ● 中途採用の社員は，他社での勤務経験と比較して，福利厚生が手厚い，休暇が取りやすい，育児，介護など何か困った時には個別対応を検討してくれる会社，という実感を持っているようである。このように中途採用の社員に話を聞くと，これまで自分が享受してきた様々なことが当たり前ではないということがわかる。ところが，新卒で入社した社員ははじめから休暇が取りやすい環境で働いているため，任せられた仕事をきちんとこなしてさえいれば，気兼ねなく休暇を取っている。したがって，社員間でもこ |

<table>
<tr><td rowspan="5">組織文化</td><td>れまでに苦労してきた度合いや環境が異なるため，休暇取得1つ取ってもありがたみは違っていると思う。</td></tr>
</table>

| | |
|---|---|
| 組織文化 | れまでに苦労してきた度合いや環境が異なるため，休暇取得1つ取ってもありがたみは違っていると思う。<br>● 若手社員が旅行などでまとめて休暇取得するという時には，周囲の社員と事前，事後ともにうまくコミュニケーションが図られているか，実害が出ないか注意して見ている。また，休暇を取得した社員の代行は，事務職の場合は経験ある社員に限られてしまう。そのため，代行できる社員を確保できているかの予定の確認は毎日行っている。<br>● 台湾人社員がコロナ禍で長期間帰国できなかったことがあり，台湾でのテレワークができるような制度を構築したということもあった。個別対応だったが，周囲へのフォローも自分でやってもらっていた。このような対応をすることで，社員の働くモチベーションが下がらないようにと思っている。<br>● 休暇取得する社員のサポートを積極的に行う社員もいる。「手が空いているから何か手伝いましょうか」と言ってきてくれる若手社員もいる。例えば，お子さんの体調不良で休みを取り仕事が溜まっているような社員をサポートするというようなことはよくある。ギスギスせず自然にサポートし合う雰囲気が，今は社内に整っていると感じている。<br>● 休暇は権利だという社員は若手にはほとんどいないが，どちらかというと年配社員が強調することがある。というのも，若手社員にしっかり休んでもらって，前向きに働いてもらえるようにという配慮であり，休暇をうまく活用して公私のバランスを保ってもらいたいという思いからである。 |

出所：インタビュー調査結果をもとに筆者作成

## [図表7－5] インタビュー調査結果の主な内容（上田シニアアドバイザー）

| | |
|---|---|
| 委員会活動 | ● 天彦産業の委員会活動は1980年から始まった。途中2013年4月から2015年3月までの2年ほど休止している時期があった。マンネリ化，いろんな意見があり少し休憩を要するということになったが，やはりもう一度やろうという話になり，その後は現在に至るまで続いている。休止期間の前は，毎朝全社員で，ジョギング，読書，朝礼などをしていたが，例えば，現場の若手社員から「人とのコミュニケーションを取ることが苦手なので現場の仕事を選んでいるのに」という不満が出ていた。<br>● 現在，委員会は4つ。以前は体力向上委員会，余暇委員会，電話応対委員会などいろいろあったが，最終的に4つにまとまった。<br>● 委員会の良いところは，比較的若い2～3年目の社員が委員長になることがある。ベテラン勢が委員長だとマンネリ化して前例踏襲することが多い |

が，若手社員だといろいろなアイデアを出してもらえる傾向がある。皆さんが喜んでもらえるように考えて，企画，立案はお客様対応にも活かされることであり，非常に良い活動だと思う。社内イベントの内容を考えるなど大変だが，誰かを喜ばせるという意味においてはよいことである。

社員第一主義と組織文化

- 「社員第一主義」の顕著なことは年休取得率が78％であること，10年前は48％（全国平均レベル）だった。新入社員は，予想以上に年休を取りやすい会社だと口を揃えている。
- 社員第一主義の考え方について，社員間の理解の差はほとんどないと思っている。社歴をさかのぼれば数々の倒産危機をはじめとする苦難があったが，今の社員の多くはリーマンショック以外経験していない。さらに言えば，戦後生まれの人間として苦しい経営環境や戦中の死線を越えて来られた方との違いは埋めることができないと個人的に考えている。そこで，創業月の1月に，朝礼でこれまでの苦難の歴史について伝えることを恒例としている。社員第一主義の根本は感謝の気持ちであり，先人に思いを馳せることが大事だという観点から行っている。
- 会社が厳しい時にボーナスを支給したところ，3年目の女子社員が「どうして会社がこんな苦しい時にボーナスを支給するのか」と訴えてきたことがあったが，一人ひとりが経営者という「社員第一主義」が浸透している象徴的な話である。
- どんな提案でもよいので，改善していこうという機運がある。例えば，現場（倉庫）に社員の顔写真を貼っていたことを応用して，商品をお客様のところに届ける際に，作業した社員の似顔絵シールを貼るアイデアが出た。お客様と作業した社員の接点が生まれている。発想は，産地直送の野菜を生産者の身元がわかるように販売していることがよくあるが，安心を与えられる点を参考にした。海外に商品を発送する際には，船積みしたところを写真に撮って，荷姿も確認してもらうことで安心感を与えられるようにお客様に写真を送るようにした。社外の方から褒められるのが一番の喜びとなる。
- 商品を梱包する際に，ガチガチにしすぎるとバンドを切りにくいというお客様からの声があったが，ある社員が商品とバンドの間にちょっとした隙間を作るなどという工夫の改善提案が出された。営業からはトラックの配送について，運転手は下ろす際に，どこに下ろせばよいか聞いてくれるというのがとてもありがたいとお客様から言われたことがある。その話が運転手間で共有されて，次も，また別のお客様にも喜ばれるというループが起きている。1つの提案をどんどん真似してよいと言っている。ある社員の提案を他の社員が実行して成果を上げることもある。
- 経営者がとにかく明るいことも特徴かもしれない。前社長は，つらい時も当然あったと思うが，無理しても明るく振る舞い，大きな声で挨拶してい

> た。決して上から目線にならないように，若手社員とも同じ目線に立つよ
> うにしていたし，それが相談しやすい，親身な雰囲気を醸し出していたと
> 思う。

出所：インタビュー調査結果をもとに筆者作成

## 7.4　委員会活動の仕組み

　天彦産業は社員44人の中小企業であり，実践コミュニティの活動を把握しや
すい環境である。4つの部署で構成されるフラット型組織であり，役員，管理
職と，社員の距離は近い。組織横断のヨコのつながりとして各種委員会の活動
も活発である。委員会は「スッキリ委員会」「ヒラメキ委員会」「トキメキ委員
会」「ハツラツ委員会」の4つあり，役員を除く社員は，いずれかの委員会に
所属する。できるだけ多くの委員会を経験するために，同一の委員会の所属は
連続3年までとしている。年に1度，希望の委員会について第2希望までを提
出し，委員長会議にて次期委員会のメンバーが決定される。男女比や年次に偏
りがあればそこで必要な調整が行われる。なお，新入社員については，2カ月
間様子を見てから，6月中旬頃に所属する委員会が確定し，活動がスタートす
る。メンバーが確定すると，各委員会内で委員長の立候補が受け付けられる。
立候補がいない場合は，メンバー間で推薦し合議の上で決定している。委員長
決定後，委員長は副委員長と書記を指名し，活動がスタートすることになる。
　各種委員会の活動は，毎月の月末の金曜日8：30〜9：00を定例としている
が，その他にも必要なタイミングがあれば参加できるメンバーだけでも集まっ
て活動を行っている。したがって，活動の回数は委員会によって多少異なる。
なお，委員会の活動は業務時間内でも可としている。社内の共通認識として，
業務と委員会は同等の価値を持つものとされているからである。
　委員会活動の最大の特長は，日頃業務上では接点がない社員同士の交流であ
る。また，業務上であれば，役職による指示命令系統は確立されているが，委
員会の場合は，トップの委員長を若手社員が担うこともめずらしくなく，委員
長として年上社員との人間関係の構築や活動のマネジメントなど，職制の仕事
とは違う学びをすることができている。以前は比較的年配のベテラン社員が委

員長を担うことが多かったようだが，どうしても委員会の活動が前例踏襲になりがちでマンネリ化する傾向があったという。逆に若手社員が委員長となると，斬新なアイデアが出るなど活性化され，また，年配社員も嫌がらずにうまくいくことが多いという。

## 7.5　委員会活動の休止期間

　天彦産業の特長とも言える委員会活動だが，2013年４月から2015年３月までの２年間は休止していた。1980年から長期間継続していた委員会活動が，同期間に休止していた理由は１つではないが，当初は半強制的な位置づけであったことは大きな要因であった。例えば，他人と交流することが苦手で，コミュニケーションを取ることが億劫と感じている社員にとっては，やらされる委員会活動は苦痛以外の何物でもなかった。当時は今のような集約された委員会活動ではなく，毎朝全社員が揃ってジョギングをしたり，読書したりしていたが，これらの委員会活動を敬遠する社員もいた。特に職人的な業務を担う社員の中には，コミュニケーションを取る必要があまりない１人で作業する仕事を選んでいる社員が一定数おり，彼らからは集団でやらされる委員会活動に対して不満が出ていた。

　ところが，休止期間が２年近く経つと，委員会活動の再開を望む声が少しずつ増え始めた。それまで長年委員会活動に参加していた社員たちが，委員会というまさにヨコのつながりを失い，タテの関係である仕事のみとなったことに何となく物足りなさと寂しさを感じたことから，そのような声が出始めた。しかし，従来通りの委員会活動を再開すれば，また同様のことが起きてしまうため，小さく朝礼活動から再開し，少しずつグループ単位の委員会を立ち上げ，徐々に元の委員会活動のレベルに戻していった。以降は休止することなく，休止しようという声すら出ずに現在に至っている。なお，交流が苦手で委員会活動に対してネガティブな姿勢であった社員の中に，委員会活動への参加を通じてコミュニケーション力の苦手意識を克服していったという事例も複数出てきた。

## 7.6 「スッキリ委員会」

　「スッキリ委員会」は，男性が 5 人，女性が 3 人の計 8 人で構成されている。メンバーの入社年次は男性社員が35年目，34年目，18年目，17年目， 4 年目，女性社員が 7 年目， 6 年目， 4 年目で，所属部署は現場作業職が 3 人，国内営業職が 2 人，経理職が 1 人，国内・海外SP職が 2 名である。委員長は，入社 6 年目の女性社員である。

　通常，スッキリ委員会は，社内の敷地内にある花壇の整備や，社屋外で周辺の清掃活動などを中心に行っている。2023年，新事務所となる「大阪本町オフィス」を開設し，加工，倉庫，配送業務以外の本社機能は実質移転となった。この移転を機に，スッキリ委員会の中に「ペーパーレス推進活動」が発足した。移転の前から，経営企画部より経費削減の観点から，コピー用紙の節約について課題が提示されていたが，ペーパーレスはなかなか進んでいなかった。そこでスッキリ委員会では，移転を良い機会ととらえて，ペーパーレス推進活動に取り組むことにした。

　わかりやすい例として，移転前は執務室の壁いっぱいにカレンダーなどの紙類が貼られていたが，移転後の新しいオフィスでは，それはやめようという雰囲気づくりをスッキリ委員会が率先して進めた。アナログに慣れた一部の年配社員たちからは，これまで通りスケジュールが一目瞭然であるカレンダーを壁に貼りたいという要望が出たが，スッキリ委員会が先頭に立ちデジタル化を進めた。また，新しいオフィスでの社内の景観を保つという意味もあった。新しいオフィスのデザインは，若手社員の知恵が詰まっているという。

　また，各種会議での資料を紙ベースからパソコン上のデータ閲覧に変更することも推進し，この傾向は今や部署内の簡単な打ち合わせ時にも波及している。その他にも，ITシステムを導入し，ファックスを受信した際に自動ではなく選択印刷できるようにしたことで無駄な用紙を使わないようになったこと，あらためて各部署で50%のペーパー削減努力を課したこと，紙ベースでの保存が真に必要な書類をリストアップし絶対に必要というもの以外は電子保存に移行するようにしたことなど，スッキリ委員会が主導的に社内ペーパーレスを推進

してきた。

　ペーパーレス推進活動には反対意見も付き物だった。例えば，ペーパーレスにすると頭の中が整理できずに会議や打ち合わせが非効率になるとか，ペーパーレスを推進したところでたいしたコスト削減にはつながらないとかいう声が挙がった。これらの反対意見に対してスッキリ委員会は，会議や打ち合わせの前に十分な内容確認をしてから出席することを協力依頼したり，コスト削減には直接つながらなくとも，地球環境保護の観点からの必要性を訴えたりと説得していった。

　スッキリ委員会の活動にあたり，社内の部署横断的な様々な立場の社員で構成されていたことが大いに活かされた。男女別はもちろんのこと，これまでのやり方に慣れている年配社員と美しい景観を維持したい若手社員，また事務作業を担当する社員と外回り中心の営業の社員など，日頃当たり前と思っていた感覚がそうではないことをヨコのつながりで気づかされていた。スッキリ委員会でまとめられた見解は，委員会メンバー各自が実行するだけでなく，委員長会議や各メンバーが自分の部署に持ち帰り協力要請するなど，社内に展開されていった。若手社員が委員長をしていると，一所懸命に取り組む姿を見て，社員のスムーズな協力が得られることも多く，ペーパーレスが推進されていった。

## 7.7　社員第一主義へのアクセス度合い

　7.3のインタビュイーに２人を加えた合計５人から「社員第一主義とは何か」についてヒアリング調査も併せて実施した。ヒアリング調査結果の主な内容は図表７−６の通りである。

　社員第一主義の解釈について，５人のヒアリング調査結果からは微妙な違いがあることがわかる。どれが正解で，どれが間違っているということでもない。「社員第一主義」という経営理念が，社員間で完全に一致する解釈となることはとても難しく，現実的ではない。なぜならば，社員ごとに歴史的文化的なコンテクストが異なるためである。

　例えば，樋口会長は「社員第一主義」を経営者の視点からとらえ，「全社員が経営に参加して欲しい」と解釈する。この解釈の中には，これまで数々の天

[図表7－6]　「社員第一主義」に関するヒアリング調査結果の主な内容

| | 日にち | 形式 | 社員第一主義とは |
|---|---|---|---|
| 代表取締役会長樋口友夫氏 | 2023年7月13日 | 対面 | 全員が経営に参加して欲しい。 |
| 営業部営業課藍千翔氏 | 2023年7月13日 | 対面 | 社員第一主義は，悩みを相談しやすい会社だということ。例えば，入社2年目にコロナ禍となり母国の台湾に帰れなかったところ，上司に相談したら自分のために新たにテレワーク制度を設けてもらえた。社員の働きやすさを考えてくれている会社だとあらためて実感した。 |
| 営業部次長伊藤美保氏 | 2023年7月26日 | オンライン | 社員第一主義は，社員に対して理想の社員像を掲げているが，「やりがい」や「生きがい」を追求しているものと理解している。例えば，管理職は部下への育成を我が事のように行い，一緒に成長を見守り，喜ぶといったようなことであり，そこに社員，また家族や取引先にも「3H」のHappinessが生まれ，その先の社会貢献も含めて良い方向に貢献していけるような会社でありたい，ということ。 |
| 経営企画部シニアアドバイザー上田勉氏 | 2023年8月9日 | オンライン | 営業はお客様第一主義，経営は社員第一主義という整理をしている。一人ひとりが経営に携わるということも社員第一主義の主旨である。 |
| 経営企画部課長水田誠二氏 | 2023年8月9日 | オンライン | 社員第一主義とは，一般的には顧客第一主義であるが，社員を大切にすることで幸せになる，つまり，ギスギスしない余裕が生まれ，実務においても顧客に対してのゆとりができるのでより良いサービスにつながるもの，と理解している。 |

出所：ヒアリング調査結果をもとに筆者作成

彦産業の危機を見てきたこと，そしてかつての社長である親や兄弟が苦労してきた姿を目の当たりにしてきたことも大きい。つまり，会社の歴史に触れてきた期間が他の社員に比べて圧倒的に長く，身近な存在である家族が経営してきたという事実は，他の社員たちが持つ文化とは異なるものである。このような歴史的文化的（な）コンテクストを持つ樋口会長は，社長時代に「自分1人で

経営していては倒産するので，皆で経営に参加して欲しい」という発言があった通りに社員第一主義を解釈している。

藍氏については台湾出身であり，そもそも日本文化とは異なる国家文化を持ち合わせている。一例を挙げれば，台湾文化は会社でも上司，部下の関係がそれほど強くなく敬語もあまりないため，日本文化とは大きく異なる。また，現在入社5年目だが，入社1年目の後半からコロナ禍となり，出入国時の隔離期間の関係で，休暇の範囲内では台湾へ帰国することができない日々が続いていた。そこで上司に相談したところ，それまで会社の制度としてなかったテレワーク制度が新設され，台湾に帰国しながら業務ができることになった。藍氏にとっては，このエピソードがまさに社員第一主義の礎となっている。

伊藤次長はまた違った歴史的文化的なコンテクストを持っている。まず，鉄鋼業界は男社会と言われてきた長い過去があり，その中で女性として活躍し，今は管理職の立場である。さらに，天彦産業ではこれまで利用された実績もなく，ほとんど考えられることもなかった産休・育休制度を取得した初の女性社員である。女性が産休・育休後に仕事へ復帰することは，今でこそダイバーシティ経営で珍しくないが，当時はかなりの苦労を経験した。「産休・育休中は周囲の人たちにお世話になってきたので，復帰後は恩返しがしたい」というコメントにある通り，天彦産業で史上初めて産休・育休を取得した伊藤次長の歴史的文化的なコンテクストは他の社員とはなかなか同じにはなり得ない。ゆえに「社員第一主義」の解釈も，ある意味独自のものになるであろう。

このように「社員第一主義」へのアクセス度合いは社員ごとの歴史的文化的なコンテクストによって異なっている。過度に異なっていると社員第一主義の解釈はバラバラとなり浸透せず，ひいては組織文化も形成されないことになってしまうかもしれない。そこで例えば，会長が社員第一主義を打ち出した最大の理由でもある倒産危機の経験について，現在の社員がほとんど知らないため，毎年会社創業月の1月に全体朝礼で話をしている。話を聞いただけでは実際の経験者に遠く及ばないが，それでもまったく聞いたことがない，知らないというよりは，多少なりとも歴史的文化的なコンテクストの差を縮めることができるであろう。逆に歴史的文化的なコンテクストが似通っていて，社員第一主義へのアクセス度合いが同じレベルであれば，社員間で何の疑問も生じないため，

社員第一主義に対する学習は生じないことになるであろう。つまり，歴史的文化的なコンテクストが少し異なることによる「社員第一主義」へのアクセス度合いの違いは重要となる。

## 7.8　多様性を包摂する実践コミュニティ

　本章では，中小企業における実践コミュニティの役割に焦点を当て，天彦産業の事例から分析を行った。天彦産業の委員会活動は，実践コミュニティが生成しやすい環境であった。役員が委員会のメンバーに含まれておらず，また口出しされることもない，ヨコのつながりから成るフラットな集団だからである。職制のような上司部下の関係による指示命令系統とは異なり，部署横断的なメンバーで，さらに若手社員が委員長を務めることもあるため，自発性も発揮されやすい構成である。

　しかし，以前は一部の社員から委員会活動に対して，やらされ感などによる不満が出ることもあり，一時休止していた期間があった。その後，自発的に活動するメンバーにより小さく再開され，徐々に大きくなり，現在のような形式となったが，以前にも増して自発性が発揮されやすい委員会となっている。

　委員会メンバーは，男女比や年代，部署なども分散されるように考慮されている。ヨコのつながりが十分に意識されており，多様性を持つメンバー構成となっている。スッキリ委員会の例で言えば，通常業務としての花壇作りや外周清掃にとどまらず，ペーパーレス推進活動にも及んでいることは，まさに多様性あるメンバーによる実践コミュニティの力が働いたことによるものである。歴史的文化的なコンテクストが異なる各社員が持つ多様性を包摂できる実践コミュニティがあったからこそ，ルーティン以外のペーパーレス推進活動で一定の成果が収められていたと考えられる。

　また，歴史的文化的なコンテクストが異なる社員が多いことも特筆すべきである。従来，鉄鋼業界は男社会であり女性社員は極めて少なかったが，天彦産業では，今や女性が働きやすく活躍できる職場である。また，外国籍の社員にとっても，働きやすい職場であり，ダイバーシティ経営が実現されている。社員間でも多様性はあるが，委員会は部署横断的なメンバーで構成されているた

め，さらに異なる歴史的文化的なコンテクストが集結する環境である。

第 **8** 章

# 実践コミュニティの活用

## 8.1 組織文化の形成プロセス

### 8.1.1 クレド浸透度の限界

　組織文化は，特定の誰かがつくるものではなく，誰かに指南されて出来上がるものでもない。社員一人ひとりが日々周囲を見て自ら学び，また業務上の様々なことを教えられていくうちに形成され，自然と体得していくものである。第5章で事例対象企業としたスワニーでは，組織文化形成の過程の中で，社員の足並みを揃えるべく旗印となっていたのが経営理念の下位概念である「クレド」であった。

　クレドは壁に掲示しているだけだったり，唱和するだけだったりでは，現場ごとの職制に順応した形で各個人がバラバラの認識をしてしまう可能性が高くなる。認識を揃える行動を取らなければ，部署や役職，世代などによって自分にとって都合がいいように解釈されてしまい，社内のクレドの理解はなかなか統一されない。他方で，クレドの認識が社員ごとにバラバラであったとしても，クレドの「浸透度」自体は高めることができてしまう。各社員がクレドは浸透していると思い込み，他の社員と違う認識だと気づかないことが起き得るからである。ところが，クレドの浸透度が高まったとしても，おそらくクレドが持つ本来の効力は発揮されない。なぜなら，組織全体で見れば，単に個人ごとのバラバラに理解されたクレドの集合体でしかないからである。

クレドの浸透度は高いにもかかわらず，認識が統一されていないがゆえに期待されている役割を果たせないというギャップが存在しているのであれば，その先にある組織文化形成にも支障が出てしまうことになる。実際にスワニーでも，クレドの浸透度とクレドの共通認識の度合いは，それぞれ55.8％と45.8％であり，10％のギャップが存在していた。

## 8.1.2　クレド委員会の貢献

中小企業において，クレド（経営理念）を社員が暗記しているということはよくあることである。一見したところ，社内が一致団結しているように思われ，実際にクレドの浸透度自体は高くなるかもしれない。しかし，クレドの本質の考え方や解釈の仕方，認識が社員それぞれによって異なっていれば，それは混沌とした状態で社内の統一感はないと言わざるを得ない。ルーティンとして唱和する行為では，社員一同がクレドの共通の認識を深めるという最大の任務は達成されず，単なるお決まりの習慣としてクレドを諳言に唱和する行為自体が目的となってしまう恐れがある。さらに悪いことには，唱和を繰り返すことで，クレドは社内に浸透し，自分と他の社員は同じ認識を持っているであろうという錯覚に陥ることすらあり得る。その場合は，当然ながらクレドの浸透から組織文化の形成に導かれることはない。

スワニーのクレド委員会の活動では，社員ごとのクレドの浸透度を高めるだけでなく，社員間でクレドの共通の認識が高められていたことが確認された。クレド委員会は，クレド本来の姿をあらためて再確認し，共通認識の下でクレドをより一層社内に浸透させたい想いを持つ自主的に集まったメンバーにより構成されていた。役職，年齢，部署，スワニーでの職歴，実績などが異なる社員が集結したクレド委員会のメンバーたちは，クレド委員会内でクレドの浸透度を高めることに加え，意味の交渉を重ね，学習を続けていた。

大企業のように職務上の階層による役割分担が明確であれば，上司から部下へと職制上のタテのつながりでクレドを浸透させることができるかもしれない。しかし，大企業とは異なり，1人で複数業務に携わることが多い中小企業では，タテのつながりに多くを期待することは難しい。逆にフラット型組織でヨコの連携に期待ができるのであれば，実践コミュニティが形成されやすく，正統的

周辺参加での学習を通じて，部署を越えた組織マネジメントを可能とする。スワニーでは，クレド委員会において「クレド」という共通の人工物について活発な意味の交渉が行われていた。直接業務上は関係を持たない社員間で，役職や世代の壁を越えた関係性構築がなされていたことになる。

　クレド委員会によるクレド見直し活動は，メンバーたちが「それは経営者たちの仕事」などと考えず，自分たちがすべき役割として主体性を持って取り組んでいた。往々にして急がないテコ入れは先延ばしにされがちであるが，上からやらされている風でもなく，自発的にボトムアップで行われていたことは，何より特筆すべきことである。理念朝礼もまたクレド委員会によって主導され，クレドの浸透に貢献していた。週ごとに特定の経営理念についてテーマが設定され，所属部署を越えたメンバーで構成されるグループで議論，発表が行われる。年齢や性別，職歴などは関係なく編成されるため，日頃接点がないメンバーとヨコのつながりができている。そればかりか，社外のお客様や地元住民にも見学者としてではなくグループに入ってもらうこともあり，経営理念に対して日常は感じ得ない意見を聞き，議論することができているという。

　スワニーでは，超長期戦略と人事情報以外は，経営会議の内容や月次決算も含めてすべて社員に公開されている。社員として会社の基本的な情報はほぼ持ち合わせており，また，フラット型組織でありヨコのつながりも強く実践コミュニティも生成されやすいので，クレドはトップダウンの強制ではなく，社員が自発的にクレドを解釈する余地がある。

## 8.1.3　クレドの浸透度と中心性

　スワニーのアンケート調査では，まず，クレドの浸透度について，55.8％と半数以上の社員がクレドは浸透していると回答した（図表5－9）。併せて，アンケート調査の自由記述で尋ねた「あなたにとってクレドはどのような存在ですか」の回答結果について，KH Coderの共起ネットワークで中心性（媒介）を用いて分析したところ，「クレド」「自分」「行動」「意識」の語において極めて高い中心性が示された。中心性が高いということは，社員がクレドを語るときにこれらの語を通過する割合が高い語，つまり社員にとってクレドとの関係性が深い語ということである。かつ，いずれの語も大変ポジティブな使われ方

をしていることがわかった（**図表5−10**）。数字上のクレドの浸透度は半数以上であり，さらに社員のクレドのとらえ方，使い方から見て，「クレド」「自分」「行動」「意識」はクレドを語る上で必要不可欠な語が中心性であることからも，クレドは着実に浸透し，一定以上の役割を果たしているように見える。

　なお，クレドの浸透度とクレドの共通認識度のそれぞれにおいて，心理的安全性がどのような影響を与えているのかについて，クレドの浸透度は心理的安全性が高くなるにつれて上がる（**図表5−14**）が，クレドの共通認識度は心理的安全性が高くなっても上がらない（**図表5−15**）ということがわかった。つまり，心理的安全性は，クレドの浸透には有効だが，クレドの共通認識を高めることには有効には働かないことになる。個人レベルでクレドを浸透させることはできても，組織全体でのクレドの共通認識度を上げることは容易ではない。

## 8.1.4　クレドの共通認識度別の傾向

　次に，クレドの浸透状態を確認するためにクレドの共通認識度について分析する。はじめに，クレド委員会の代表的な活動である理念朝礼の参加者に，クレドの共通認識の状況を尋ねたところ（**図表5−12**），自分も他の社員と同じ共通認識との回答は47.9％で，そうではないとの回答26.8％を上回った。したがって，クレド委員会による理念朝礼が，クレドの共通認識獲得に有効に働いていることがわかる。

　続いて，社員個人にクレドの共通認識の状況について尋ねたところ，自分も他の社員と同じ共通の認識との回答は45.8％であり，自分なりの解釈との回答30.1％を上回る結果となった（**図表5−11**）。しかし，「共通認識度が高い」の回答45.8％は，**図表5−9**の「クレドは浸透している」の回答である55.8％を10％下回る事実に直面することになる。クレドの浸透度と共通認識度は必ずしも一致を見るものではないが，この結果は，クレドの浸透度の中には一定の幅があり，共通認識度の獲得状況には較差が生じていることを示唆している。

　そこで，クレドの共通認識がある場合とない場合においての要因を探るため，KH Coderを用いた分析を行い，それぞれの特徴を探った。具体的には，自由記述「あなたにとってクレドはどのような存在か」に，クレドの共通認識の状

況についての回答「他の社員と同じ解釈」「自分なりの解釈」「どちらともいえない」を外部変数として掛け合わせ，対応分析を行った（**図表5−13**）。クレドの共通認識度が高い社員の回答から見られた傾向は，クレドを自らの行動指針として自分の中に落とし込み，身に付けているというものであった。「クレドが目的となり，業務に役立っている」の回答からもわかるように，自らが業務を遂行する上でクレドが貢献している状態である。また，共通認識度が高かったグループの回答全体からは，「業務遂行上の行動指針」の回答のように，社員にとってクレドを我が事として主体的にとらえている傾向も併せて見られた。

　他方で，クレドの共通認識度が低い社員の回答からは，クレドは「こうあるべきと思える信条」の回答に含まれている「べき」に象徴されているように，クレドを「自分の外」に位置づけられている存在としてとらえており，クレドを客観視している傾向が見られた。また，クレドを自らの中に落とし込んでいるのではなく，「迷いや振り返る時の道しるべ」の回答にあるように，仕事で迷った時，困った時，初心に戻りたい時などに拠りどころとする存在として，クレドを自分の外に位置づけられるものとして，客観的にとらえている傾向も併せて見られた。

　以上の対応分析の結果を踏まえると，アンケート調査の自由記述「あなたにとってクレドはどのような存在か」と「クレドの共通認識の状況」について，対応分析の縦軸では，上方向が「クレドを自らの中に落とし込めていない状態」，下方向が「クレドを自らの中に落とし込めている状態」を示していると見ることができる。また，横軸では，右方向が「主体性」，左方向が「客観性」を示していると見ることができる（**図表8−1**）。

　したがって，クレドの共通認識の獲得状況による位置は，クレドの共通認識度が高い語は「（主体性）×（クレドを自らの中に落とし込めている）」，クレドの共通認識度が低い語は「（客観性）×（クレドを自らの中に落とし込めていない）」に位置し，クレドの共通認識度が高いとも低いとも「どちらともいえない」場合は「（主体性）×（クレドを自らの中に落とし込めていない）」に位置していることがわかった。

[図表8－1] 対応分析（「クレドの存在」とクレドの共通認識の状況）

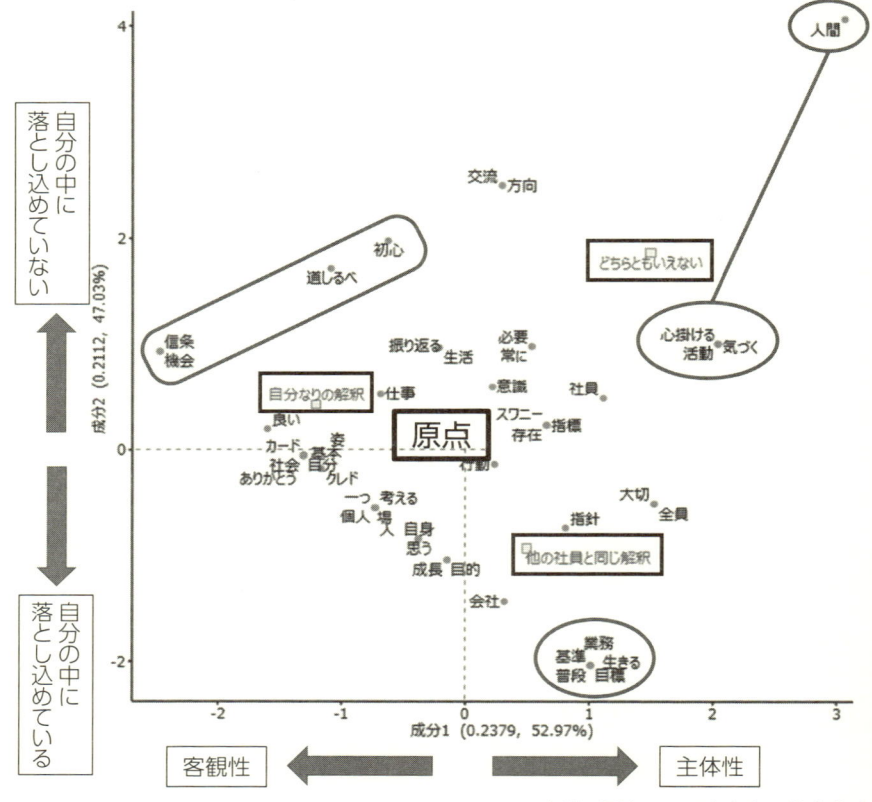

出所：図表5－13をもとに筆者作成

## 8.1.5 クレドから派生した組織文化

　次に，スワニーにおけるクレドと組織文化の関係を検証するために，アンケート調査の自由記述「スワニーの組織文化は何だと思いますか」の回答を，KH Coderによる共起ネットワークのmodularityで分析したところ，10のコミュニティが出現した（図表5－16）。10のうち9つのコミュニティについては，スワニーのパーパスを含む経営理念が派生したと考えられる内容であり，経営理念の中でも特にクレドを中心とした組織文化との関連性も確認された（図表8－2）。したがって，スワニーの組織文化は，大半がクレドから派生し

たものであることが確認できる。他方で，2つのコミュニティからは，クレド
の内容にはそぐわない回答も見られた。

[図表8－2] 共起ネットワークのmodularity（スワニーの組織文化）

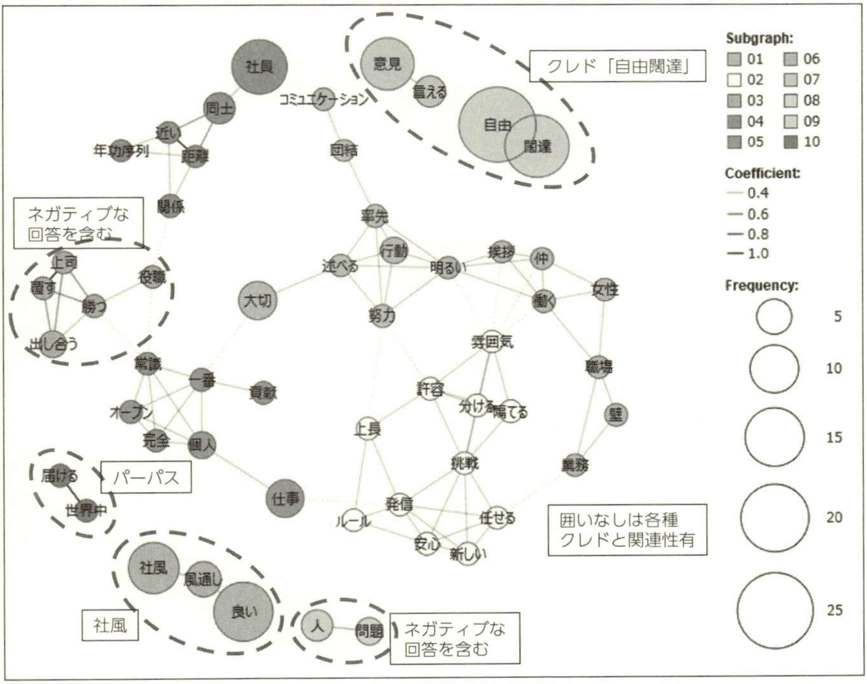

出所：図表5－16をもとに筆者作成

　続いて，同じくアンケート調査の自由記述「スワニーの組織文化は何だと思
いますか」の回答をKH Coderの共起ネットワークで中心性（媒介）を分析し
た（**図表5－17**）ところ，「人」「良い」「行動」の語において極めて高い中心
性が見られ，いずれの語も強くポジティブな使われ方をしていた。中心性が高
いということは，スワニーの社員が組織文化を語るときに，「人」「良い」「行
動」を用いる回数が多いということである。つまり，組織文化を語る上で欠か
すことができない語であり，影響力を持つ語であると同時に，組織文化を支配
している語と言うことができよう。

## 8.1.6　クレドの共通認識度別組織文化の傾向

　最後に，スワニーの組織文化とクレドの共通認識の状況との関係について要因を探るために，KH Coderを用いて，自由記述「スワニーの組織文化は何だと思いますか」に，クレドの共通認識度についての回答「他の社員と同じ解釈」「自分なりの解釈」「どちらともいえない」を外部変数として掛け合わせ，対応分析を行った（図表5－18）。クレドの共通認識度が高い社員の回答から見られた傾向は，組織文化を組織全体でとらえているというものであった。「アットホームで社員のことをよく考えてくれている会社」「自ら考え，行動しやすい会社」「社員同士の距離感が近い，何でも言い合える関係」「自由闊達で，役職関係なく意見を言える会社」「挨拶が当たり前のように行われていて，明るい会社」などの回答からもわかるように，個人に限らず，組織全体についての回答であることがわかる。

　さらに，回答自体は，回答者自身も主語に含まれた形であり，組織文化を主体的にとらえている傾向が見られた。対応分析の特徴的な語として抽出されている「人」を「社員」に置き換えて考えれば，組織を我が事として主観的に述べられていることがわかる。なお，「人」以外の特徴ある語，「考える」「行動」「問題」「コミュニケーション」「関係」「役職」「明るい」についても，ポジティブな意味で使われていた。当然ながら組織文化は肯定的にとらえられている。

　他方で，クレドの共通認識度が低い社員の回答からは，組織文化を「調整したことに対して失敗しても許容してもらえる」「女性の地位が低いと感じる」のように，受け身形で述べられていたり，性別への意識が強調されていたりという点が，クレドの共通認識度が高い社員の回答には見られなかった傾向である。ほとんどの回答が社員個人に関する内容であり，組織全体でとらえられている組織文化の回答ではない。また，「良い意味でも悪い意味でもオープン」のように，ネガティブな回答ではないが，組織文化を「自分の外」にある存在としてとらえており，第三者的にクレドを客観視している傾向が見られたことも大きな特徴である。

　クレドの共通認識度が高いとも低いとも「どちらともいえない」の回答から

は，クレドの共通認識度が高い社員の回答には見られなかった，個人単数を主語にした回答が目立った。スワニーのクレドは全部で10項目あるが，いずれも「私たち」で始まっており，主語は複数で設定されている。その意味においては，個人単数の主語はクレドの内容に適合していないことになる。「どちらともいえない」の回答には，「意見を出し合って決めたことを上司が覆す，もしくはその上の上司が覆す」のように，クレドにはそぐわない内容も含んでいたが，組織文化を個人レベルで考えて，集団としてとらえられていないことが，「どちらともいえない」の回答に至った1つの要因であると考えられる。しかし，クレドを主体的に我が事としてとらえている点は，クレドの共通認識度が高い社員の回答と同じ特徴である。したがって，組織文化を集団でとらえられる状態になれば，共通認識度を獲得できるであろう。

### 8.1.7　クレドの共通認識度別組織文化の特徴

　アンケート調査の自由記述「スワニーの組織文化は何だと思いますか」と「クレドの共通認識度」について，対応分析の縦軸では，上方向が「組織文化を集団（組織単位）でとらえている状態」，下方向が「組織文化を個人単位でとらえている状態」を示しているとみることができる。また，横軸では，右方向に行くにつれて「客観性」が高まり，左方向に行くにつれて「主体性」が高まることを示しているとみることができる（図表8−3）。したがって，クレドの共通認識度の獲得状況による位置は，クレドの共通認識度が高い語は「（主体性）×（組織文化を集団でとらえている）」，クレドの共通認識度が低い語は「（客観性）×（組織文化を個人でとらえている）」，クレドの共通認識度が高いとも低いとも「どちらともいえない」場合は「（主体性）×（組織文化を個人でとらえている）」という結果になった。

　あらためて，ここで図表8−1と図表8−3の対応分析を比較，分析する。図表8−1では，アンケート調査の自由記述「あなたにとってクレドはどのような存在か」の回答にクレドの共通認識度の獲得状況を掛け合わせた対応分析を行い，図表8−3では，同じくアンケート調査の自由記述「スワニーの組織文化は何だと思いますか」の回答にクレドの共通認識度の獲得状況を掛け合わせた対応分析を行った。これらの結果を，共通認識度の獲得状況を切り口にし

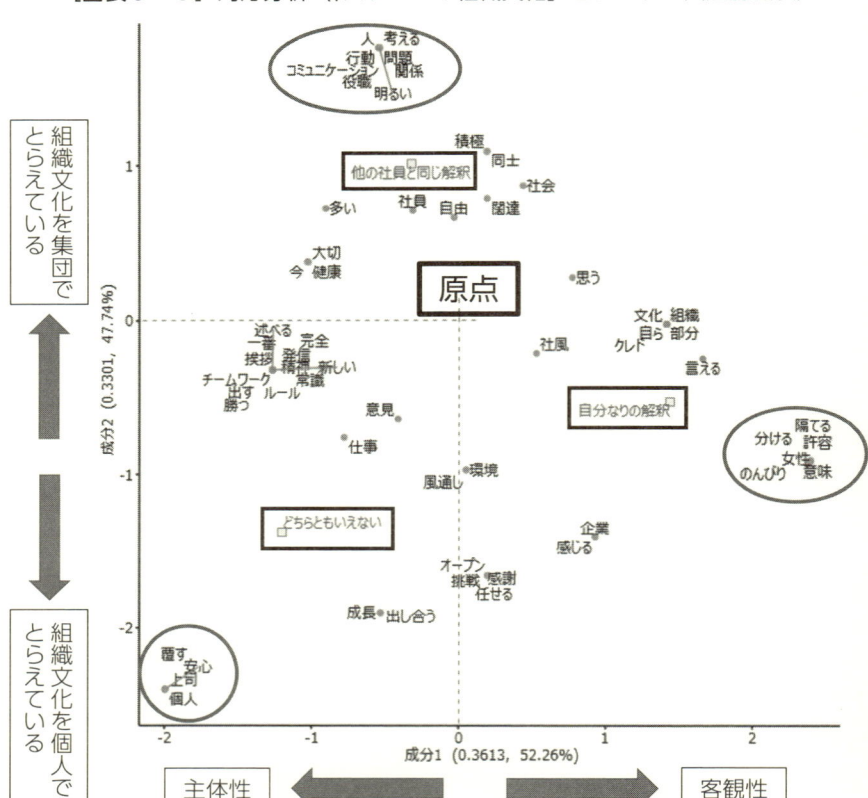

[図表8－3] 対応分析（「スワニーの組織文化」とクレドの共通認識度）

出所：図表5－18をもとに筆者作成

てまとめたのが**図表8－4**である。

　クレドの共通認識度が高い社員の回答からは，クレドに対しても組織文化に対しても主体的にとらえている傾向があった。加えて，クレドに関しては自らの中に落とし込めている状態，すなわちしっかりと自分のものにしている状態であり，組織文化は個人レベルではなく組織全体の集団でとらえている状態であった。この状態は，独自の解釈でもなければ単なる知識の蓄積でもなく，クレドを活用して組織レベルでの対応ができる状態である。他方で，クレドの共通認識度が低い社員にとっては，クレドおよび組織文化に対してともに客観的にとらえている傾向が見られた。そして，クレドは自らの中に落とし込めてお

[図表8−4] クレドの共通認識度の獲得状況別クレドと組織文化の比較

| | 「あなたにとってクレドはどのような存在ですか」 | 「スワニーの組織文化は何だと思いますか」 |
|---|---|---|
| クレドは他の社員と同じ解釈（＝共通認識度が高い）45.8% | 「主体性」×「クレドを自らの中に落とし込めている状態」 | 「主体性」×「組織文化を組織全体でとらえている状態」 |
| クレドは自分なりの解釈（＝共通認識度が低い）30.1% | 「客観性」×「クレドを自らの中に落とし込めていない状態」 | 「客観性」×「組織文化を個人単位でとらえている状態」 |
| （クレドの共通認識度が高いとも低いとも）どちらともいえない24.1% | 「主体性」×「クレドを自らの中に落とし込めていない状態」 | 「主体性」×「組織文化を個人単位でとらえている状態」 |

出所：筆者作成

らず，組織文化は組織全体の集団レベルではなく個人レベルでとらえている状態であった。クレドの共通認識度が高いとも低いともどちらともいえない社員は，クレドに対しても組織文化に対しても主体性は持っていたが，クレドを自らの中に落とし込めず，また，組織文化を組織全体ではなく個人単位でとらえているため，どっちつかずの状態になってしまっていると考えられる。

　また，図表8−2で示されたように「上司」「覆す」「役職」「勝つ」「出し合う」「人」「問題」が組織文化を語る際にクレドに反する意味で使われている。これらの語を図表8−3で確認すると，すべてが原点より左方向にあり，すなわち主体性を持っていることが示されている。何事もそうだが他人事で客観視できれば「我関せず」でそれほどネガティブに考えることはない。主体性があり我が事ととらえているからこそ，ジレンマにつながっている。

## 8.1.8　クレドの共通認識獲得から組織文化の形成

　クレドの共通認識を獲得している社員は，クレドにも組織文化に対しても主体性を持ち合わせていた。主体性があるため自発的な行動も起きやすく，実践

コミュニティも活動しやすい環境である。逆の見方をすれば，実践コミュニティが主導しているからこそ，主体性の傾向が見られたとも考えられる。そして，クレドの共通認識度を高めた状態から組織文化は形成されるということがあらためて検証された。**図表5－17**で見られた，スワニーの組織文化について共起ネットワーク上で高い中心性が見られた語である「人」「良い」「行動」のうち，「人」と「行動」は**図表8－3**の対応分析上にも出現しており，クレドの共通認識度が高いグループに含まれていた。つまり，クレドの共通認識度を高めた状態が組織文化形成へとつながっていたことを裏づけることができる。クレドの共通認識度が高い場合の組織文化に関する特徴ある語は，実際にスワニーの組織文化の中においても高い中心性を示していることになる。

　クレドの共通認識を獲得してから組織文化へ形成されるにあたり，２点のことが立証された。あらためてこの２点について確認すると，まず１点目は，クレドの共通認識度が高い社員は，クレドも組織文化もともに「主体的」にとらえている傾向が見出された。クレドを我が事として主体的にとらえており，クレドを自らの中に落とし込めている状態，すなわち，クレドをしっかりと自分のものにしている状態である。さらに，組織文化については，個人レベルで「こう思う」ということではなく，組織全体を単位とした共通認識としてとらえている傾向も見出された。つまり，クレドが持つ意味や価値は「自分ではこう考えているのだが，果たして正しいのであろうか」と悩む必要がなく，クレドの認識に自信を持っている状態であるため，形成された組織文化についても組織全体のものとしてとらえられている。

　２点目は，社員が組織文化を説明する上で，高い中心性が示された語，すなわち，組織文化を語る上で欠かせない影響力を持つ語は，クレドの共通認識度が高いグループに含まれていた。これら２点からわかるように，組織文化は，経営理念が十分に浸透し，確立され，かつ企業活動に体現されることによって形成されるものである。共通認識度が高まり形成された組織文化は，社員が主体性を持ちながら，かつ組織全体でとらえることができるようになるため，対抗的なサブカルチャーは起こりにくいとも考えられる。なぜなら，主体性があれば，社員自らも含まれた組織全体の組織文化となるため，個人レベルでの利己的な組織文化は発生しづらいと考えられるからである。仮にサブカルチャー

が生まれたとしても，それは主体的で組織全体をとらえた組織文化の中で異なる価値観を持ったものであり，全社文化を乱すような対抗的なものではなく，組織全体としての方向性は統一された状態で保たれるであろう。

　反対に，もしクレドや組織文化を客観視し，組織文化を個人レベルで認識している社員が大半となる場合は，個人レベルでのサブカルチャーが生まれやすくなると考えられるため，利己的な組織文化が発生し得るであろう。生成されたサブカルチャーには主体性がないことから，組織としてまとまりのないものとなり，ひいては組織全体がサブカルチャーのコントロール下に入ってしまう恐れも出てくる。そうなってしまうと，サブカルチャーが強くなりすぎて組織文化の逆機能として働いてしまい，本来組織文化が持っている組織をまとめる力や，組織のあやふやな変化に抵抗するブレーキ役を果たし得ないことになる。

## 8.2　組織文化の海外子会社移転における組織マネジメント

### 8.2.1　異文化間での組織文化移転

　第6章では，国家文化が異なる海外子会社に着目し，どのように組織文化が移転されるのかを分析した。海外子会社に着目したのは，中小企業の海外進出が今やめずらしくない時代となり，むしろ人口減少が加速している日本国内にとどまっているのではなく，海外に進出していく必要性が高まっている中，異文化間での組織文化移転は避けては通れない課題だからである。これまでの中小企業は，親企業の下請け業務としての海外展開が中心であり，自主的に行うことがなかったかもしれないが，これからは自らで考えて自力で行っていく必要がある。

　また，第5章のスワニーの国内本社における事例分析から，ヨコのつながりをうまく活用した理念朝礼やクレド見直し活動は，勤務年数や業務経験，年齢や役職，所属部署などがバラバラな，つまり，歴史的文化的なコンテクストが異なる社員が集まることで学習が起こることが確認されている。企業内において，歴史的文化的なコンテクストが異なる最たる例は，国内本社と海外子会社の間にあると言っても過言ではないであろう。なぜなら，職歴や仕事上の経験

170

値，年齢，業種以前に，各社員が備えている生まれ育った国家の文化自体が異なる者同士が一緒に働くからであり，当然のごとく歴史的文化的なコンテクストは大きく異なってくる。その国家文化の違いを踏まえて共通の組織文化を築き上げることは，海外子会社での事業を遂行するために乗り越えなくてはならない最重要事項の１つである。

## 8.2.2 フラット型組織の役割

　日本の企業が海外展開すると，組織文化の移転，融合が大変重要となるが，海外諸国は低コンテクスト文化が多いため，高コンテクスト文化の日本企業にとっては難関である。さらに，国内本社の組織文化を移転するにあたっては，国家文化が異なることも考慮しなくてはならないため，ハードルはより高くなる。そこで有効だったのが，階層が少ないフラット型組織を国内本社および海外子会社においても同時に導入し，さらに国内外を並列な関係でつなぎ，その関係性を維持することであった。

　また，経営理念（スワニーの場合は社是）をバウンダリー・オブジェクトとして活用することも有効で，グローバル人材でもある長く海外子会社に勤務している社員がブローカーを担い，意味の交渉を促進させることができていた。スワニーの海外子会社では，国内本社と異なり経営理念の上位概念である社是のみを導入している。組織文化以前に国家文化が異なる社員たちとともに勤務する海外子会社においては，そもそも会社に対しての考え方や働くこと自体への考え方が違うため，経営理念浸透の視点からは最も根底にある社是のみを導入している。

　スワニーの中国工場の例で，残業に不満を漏らす現地社員に対して，長く勤務する現地社員が社是を引き合いに出しながら諭していたというエピソードがあった。当該現地社員たちが所属しているチームも国内本社と同様にフラット型組織であり，実践コミュニティが生成されていた。メンバーたちは，正統的周辺参加を果たしており，比較的十全に近いところにいるのが長く勤務する現地社員であり，周縁もしくは非参加の参加メンバーであるのが不満を言っている現地社員だと考えられる。つまり，現地社員は，経営幹部や，日本人駐在員からの指導を受けているだけではなく，実践コミュニティにおいて正統的周辺

参加を果たしている他のメンバー同士で学習が行われていたことになる。

　中国スワニー会の例では，発表会に向けて自発的な行動が続々と起きていた。海外子会社におけるフラット型組織によるヨコのつながりから，実践コミュニティが生成されていた。発表内容についての経営幹部とのやりとりは喜びであり，実践コミュニティの活動が経営幹部のコメントを通じて組織文化が移転する貴重な機会となっていた。海外子会社に国内本社の組織文化が移転されることで，結果的に現地社員に経験や知識が積み重なり，業績面にも好影響を与え，組織文化も確固たるものとして引き継がれているという好循環を生み出していた。このような状態に至るまでには，国内本社と海外子会社がそれぞれフラット型組織であるという並列な関係であること，そして，並列な関係がより有効に働くように，国内本社からの統轄に限らず，現地の幹部にも一定以上の権限を与えたり，国内本社の経営幹部は足しげく海外子会社を訪問したり，その際は社員食堂という日常の場に入り込み同じ目線でコミュニケーションを取ったりするなど，物理的な距離を縮めるための取り組み努力が多々あった。

## 8.2.3　触媒的仲介者の役割

　一般的に，知識や技術，暗黙的な文化を相手に伝えるには，直接的に行うことが最適だと考えられるが，スワニーの場合，日本人駐在員から現地社員に強要するようなことは何もしておらず，むしろ自然に任せて見守る立場を取っている。そして，触媒的仲介者といえる現地社員がブローカー役を担っていた。触媒的仲介者とは，国内本社と海外子会社の間に存在している，日本での留学や国内本社での勤務を経験したことがあり，日本の文化や企業の組織文化を知っている現地社員である。事例分析からも，現地社員が残業で不満を漏らす中，触媒的仲介者が社是を例に出しながら自らが率先して問題解決へ向けて取り組んでいる。そこに日本人駐在員は立ち会っていない。十分な人数の日本人駐在員を派遣することが難しい中小企業にとっては重要な点となる。

　例えば，海外子会社の現場でトラブルが発生しても，特に中小企業ではそこに日本人駐在員がいるとは限らず，仮に前例のないトラブルだったとしても，組織文化を持ち合わせた触媒的仲介者がその場にいれば，解決へと導く存在になり得る。したがって，日本人駐在員が日頃から手取り足取り指導やサポート

するのではなく，現地社員の自主性を育成することが重要である。触媒的仲介者は新型コロナウィルスの時のような日本人駐在員が不在となる緊急事態においても，心強い存在となり得る。

ブローカーの役割をも担う触媒的仲介者は，日本人駐在員よりも現地社員にとって身近な存在となる。なぜならば，同じ国家文化を持っているからである。さらに業務上でも母語を通じてやりとりすることができる。文化や言語の影響力は大きく，日本人駐在員が現地社員に物事を完璧に説明することは想定以上に困難なものである。通訳を介したとしても，通訳は業務には携わっていないため，暗黙的な経験値を考慮すると完全に伝えきることは難しくなる。触媒的仲介者は，ブローカーの役割として，社是を言語的に翻訳して伝えるのではなく，現地社員のコンテクストに照らして，暗黙的な現地の考え方や常識など文化に合わせて，理解しやすいような形で工夫して伝えることができる。それがまさに残業で不満を漏らす現地社員に対して，勤務経験が長く，日本での就労経験もある現地社員が社是を例に説得する場面に表れている。

## 8.2.4　組織文化移転における中小企業の利点

以上のような取り組みは，大企業では容易ではないと考えられる。なぜなら，大企業は，部署単位で一定以上の人数がタテの関係により行動することが多いからである。実際スワニーも中小企業であるからこそ，中間管理職を置かないフラット型組織を維持できている面がある。大企業では規模的に国内本社をフラット型組織とすることが難しいので，どうしても国内本社と海外子会社の間では力関係による格差が生じ，上下の関係や，前者から後者への意向の押しつけも生じがちとなってしまい，国境を感じさせないコミュニケーションを取ることは難しくなる。

また，国内本社でフラット型組織が実現されていれば，海外子会社をフラット型組織で運営しようとなるのは，ある意味で自然の流れである。フラット型組織ではタテの関係よりもヨコの連携が強いため，実践コミュニティが生まれ，そこでの活動を通じて社員一人ひとりが組織マネジメントを担えるようになっていく可能性が高い。スワニーの事例で，長く勤務する現地社員が触媒的仲介者でありながら，さらに実践コミュニティのブローカー役を担い組織文化を移

転させる行動を取ったことは，国内外でフラット型組織を構築している中小企業ならではの成果だと言える。中小企業は駐在員として派遣できる人材の確保が難しく，育成する資金も十分でないことが多いが，スワニーの事例に見られるように，組織マネジメント次第で海外子会社への知識移転と海外子会社での創意工夫を両立させることは可能となる。柔軟性，機動性，小回り性といった経営上の特性を持つ中小企業に優位な組織文化移転の組織マネジメントである。

## 8.3 組織文化形成における文化的透明性が持つ意義

### 8.3.1 歴史的文化的なコンテクスト

　組織文化は，経営理念が浸透して形成されていくものであったが，組織文化形成のプロセスにおける実践コミュニティの貢献の中で，主に文化的透明性の概念はどのような意義を果たしているのか。文化的透明性が高いか低いかによって，実践コミュニティにおける理解度がどの程度影響を受けるのかを把握することができる。

　第7章での天彦産業の事例で，売り上げが前年比7割減という経営苦境に立たされている最中に，社員を想って無理してボーナスを支給したところ，若手女子社員が社長室に押しかけ，「どうして会社が苦しい時にボーナスを出すのか，今は誰もボーナスなど欲しいと思っていない。社長は本当に社員のことをわかっているのか」と社長に訴えてきたことがあった。これは，社長でなくとも自らが会社を経営するという経営理念の「社員第一主義」が浸透し，組織文化として形成されていることがわかるエピソードである。かつて鉄鋼業界は完全な男社会とされており，女性は在籍していたとしても現場に出ることはなく一部のバックオフィスに限られていたが，天彦産業は男女，年齢に関係なく，ダイバーシティ経営を推進することで社員第一主義を浸透させ，組織文化を形成させていた。

　また，天彦産業の委員会活動は，役員以外はいずれかの委員会に所属し，特定の社員とばかり一緒になることがないように同一委員会には連続して3年までとし，より多くの社員と交流ができるように工夫されている。したがって，

委員会活動では日頃の業務上では接点のない社員同士がともに活動することになる。所属部署が違う社員が集い，ヨコのつながりが生まれることは，実践コミュニティにおける文化的透明性を考える上では重要となる。なぜなら，同一企業内であっても多かれ少なかれ部署ごとの文化が存在し得るためであり，普段感じ得ることのない文化に触れることができるからである。

例えば，社内で経理処理をする内勤業務と，日中は外回りでお客様と接している営業職とでは，同じ組織文化の傘の下にいるとはいえ，部署ごとに独自色が存在するのは当然のことである。そのように同じ会社の社員同士でも違う文化に触れられるヨコのつながりは重要であり，さらには所属部署の違い以外にも，性別，年齢，勤務年数，その他プライベートを取り巻く環境など，社員ごとに歴史的文化的なコンテクストはそれぞれ異なる。

## 8.3.2　knowledgeableな組織

委員会の１つであるスッキリ委員会も，歴史的文化的なコンテクストがバラバラなメンバーで構成されている。所属部署，性別，入社年次などバラバラである。委員長は６年目の女性社員であり，若手からの斬新な意見が出やすい雰囲気にある。いくら仕事上の上司部下の関係ではないヨコのつながりで構成された委員会活動とはいえ，目上のベテラン，中堅社員がいればトップダウンとはいかないまでも多少の遠慮も発生しそうであるが，若手女性社員が委員長を担っていることで，そのような懸念はほとんど発生していない。スッキリ委員会が恒例で取り組んでいた花壇の整備や社屋の外周清掃以外に，自発的に行われるようになったペーパーレス推進活動では，オフィス移転を機にデジタル化を進め，オフィスの景観を良くし，環境にやさしくすることをコンセプトに取り組み始めた。

委員会活動に役員は入らず，また，制度化するための役員会審議の段階に至るまでは，役員は一切口を挟まないことになっているため，実践コミュニティ生成に際しての阻害要因はほとんどない。実践コミュニティは，組織の指示命令によらない自発的なものであるがゆえに学習が起こり新規性をもたらすことができる。したがって，実践コミュニティが非公式性を維持しておくことが重要であり，その意味では役員が入らないことで非公式性の体質が守られている

面がある。スッキリ委員会でペーパーレス推進活動が行われたのは，歴史的文化的なコンテクストが異なるメンバーを包摂する実践コミュニティが生成されていたからだと考えられる。仮に同じ歴史的文化的なコンテクストを持ったメンバーだけであれば，誰からも疑問は起こらず，学習は限定的であったと考えられる。

　スッキリ委員会には，歴史的文化的コンテクストが異なるメンバーが所属していたことで，文化的透明度に差が生じ，いわばルーティン化した活動のみならず，新たな活動としてペーパーレス推進活動にも力を入れることができたと考えられる。スッキリ委員会には，これまで紙ベースでの仕事に慣れているためペーパーレスは非効率と考えるベテラン社員，デジタル化により業務をスピードアップさせて環境保護も考える若手社員，そしてベテラン社員と若手社員の両方に理解を示すことができる中堅社員という，多様な社員同士が自由に言い合える実践コミュニティで学習し，委員会メンバー全員のknowledgeabilityが高まり，スッキリ委員会に恩恵をもたらしていた。

　スッキリ委員会でのペーパーレス推進活動において，実践コミュニティのメンバーは「社員第一主義」を断片的なknowledgeとして身に付けたのではなく，「社員第一主義」をうまく使うための術としてknowledgeabilityを身に付けていた。スッキリ委員会は，特に「社員第一主義」を意識した活動ではないからこそ，knowledgeではなく，knowledgeabilityとして自然に身に付けることができるようになっていた。つまり，委員会活動を通じて，各自の「社員第一主義」がknowledgeableになったということである。文化的透明性と不透明性が混在している方が，実践コミュニティでより深い議論ができるようになることから，歴史的文化的なコンテクストが異なる社員をヨコのつながりを活用してうまく対応することは，実践的に意義あるものである。

　同時に，完全なknowledgeableになりきれない面にも目を向けなければならない。繰り返し述べてきたように，社員ごとに歴史的文化的なコンテクストが異なるため，文化的透明度も違って当然である。つまり，「社員第一主義」へのアクセス度合いは社員によってまちまちであるため，社員全員が統一されたknowledgeabilityを身に付け，完全なるknowledgeableな組織になるとは考えづらい。組織全体が完全にknowledgeableになりきるということは，どの企業

においても考えづらく，むしろ当然のことである。その方が社員ごとに多様な解釈が生まれ，学習が継続される。

### 8.3.3　実践コミュニティ生成の意義

　現在の天彦産業では，各種委員会活動を重視している。勤務時間内に委員会活動を行っても，それは課外活動とはされず，業務の一環とされ，社員間でも認められている。しかし，かつては委員会活動を休止している期間もあった。約2年間，休止していた理由は，一部の社員から出ていた不満によるものだった。当時の委員会活動は，どちらかといえば強制的に社員に参加させる要素があり，活動したくないのにやらされている面があった。具体的には，以前の委員会活動は，各委員会が決めたことを社員全員が揃って行うようなもので，一同で読書やジョギングをしたりしていた。後ろ向きに参加するうちに，委員会活動の意義を見失う社員も出ていた。特に集団行動を苦手とする職人気質の社員にとって，委員会活動は敬遠する存在であった。したがって，以前の委員会活動は，実践コミュニティどころか，自発的な行動すら起きにくい状態であった。

　ところが，社内のヨコのつながりがないことに寂しさを感じる社員が出てきたこと，そして，元々コミュニケーションを取ることが苦手で一人で黙々と仕事をしてきた社員が，委員会活動を通じてコミュニケーションの苦手意識を克服できたことなど，委員会活動の意義が見直される意見が出てきた。そこで，少しずつ再開していったのだが，最も気をつけた点は「やらされ感」のない委員会とすることであった。したがって，小さな朝礼から始め，委員会活動を改善していき，以前とはまた違う委員会となっていった。

　当初から役員は委員会のメンバーに入らないなど，非公式性を保つようにされていたが，さらに活動自体の強制的な意味合いを排除するようにして，徐々に再開していった。その結果，現在のスッキリ委員会の例のように，積極的かつ自発的な取り組みがなされるようになり，実践コミュニティが生成されやすい環境となった。非公式性を維持しながら，強制的な意味合いを排除し，徐々に取り組んでいくという点は，まさに企業内で実践コミュニティを活用するための重要なポイントである。

## 8.3.4　経営理念の文化的透明性

　天彦産業内で「社員第一主義」について5人にヒアリングしたところ，うち1人の「社員第一主義」を打ち出した張本人である樋口会長（前社長）は，「社員全員が経営に参加して欲しい」と解釈している。他の4人については，同じ解釈の要素を含んでいるが，完全に同じかというと，そうではなかった。それは，社員ごとに歴史的文化的なコンテクストが違っているためであり，すなわち「社員第一主義」への文化的透明度に差があることになる。この文化的透明度に差が生じることは，ごく自然なことであり，差があるからこそ学習が起こるのである。差がなければ学習は限定的となる。

　社内で最初に「社員第一主義」を掲げた樋口会長は，自身の家族である親兄弟が天彦産業を経営してきたところをずっと目の当たりにしており，そして数々の倒産危機をこれまで経験してきた。当初は，創業者から同族経営がずっと続いていることに疑問を持ち，継ぐ気はまったくなかったのだが，兄が経営していた時代の窮状を知って，当時勤めていた会社を退職して戻ってきたという経緯がある。このように現役社員の誰よりも天彦産業の苦境を間近に見てきた樋口会長は，社長就任時に打ち出した経営理念「社員第一主義」に対して，最も文化的透明度が高い人物である。

　伊藤次長は，また違った歴史的文化的コンテクストを持っており，「社員第一主義」への文化的透明性も比較的高いと考えられる。伊藤次長が入社した当時は，まだ鉄鋼業界は男社会と考えられていた。徐々に時代が変わってきたこともあり現在は管理職として活躍されているが，入社以来，男社会とされてきた中で勤務してきた経験は，決して他の社員は持ち合わせていない歴史的文化的なコンテクストになっているであろう。さらに，社内初の産休・育休を取得している。今となっては天彦産業でも産休・育休を経て職場復帰することは珍しいことではないが，女性がいる業界ではないと言われていた中で新たなキャリアを開拓してきたことは，並大抵のことではなかったと想定される。それだけに，「社員第一主義」への文化的透明度は高いと考えられる。

　樋口会長や伊藤次長と比べて，営業部の藍氏は「社員第一主義」への文化的透明度はそれほど高くないと考えられる。なぜなら，まだ入社5年目の若手社

員であり，「社員第一主義」に触れた経験も他の社員に比べれば浅いためである。加えて，台湾出身である藍氏は，元来日本とは異なる文化を持っており，他の社員とは異なる歴史的文化的コンテクストを持っている。例えば，台湾では，上司部下，先輩後輩の関係は日本ほど強くないため，日本文化はまさに異文化となる。元々の文化が異なる中，入社後に「社員第一主義」を実感する経験をしていた。コロナ禍で台湾に帰れない日々が続いていたところ，それまで社内になかったテレワークが藍氏のために制度化された。藍氏は自分のために新たな制度を設けてくれた会社にとても感謝しており，同氏にとっての「社員第一主義」の礎となっている。

　以上のように，社員それぞれが持つ歴史的文化的なコンテクストはまちまちであるため，「社員第一主義」への文化的透明性に差が生じて当然である。その「文化的透明性の差」があることで，意味の交渉が行われ，学習が起こり，「社員第一主義」を念頭に何とかやりくりする力，すなわちknowledgeabilityを身に付けることができる。つまり，多様な社員がヨコのつながりによって実践コミュニティを生成し，文化的透明度の違いから学習を通じて，経営理念浸透から組織文化を形成していたことになる（図表8－5）。スッキリ委員会では，「社員第一主義」への文化的透明性がそれほど高くない若手社員を委員長に据えていたが，文化的透明性が高い社員のみが活動の中心となってしまうことを防ぎ，学習を促進させるという意味において有効な工夫だと言える。

　文化的透明性の差から学習が起こり，knowledgeabilityを身に付けるプロセスは，第5章のスワニーの事例研究からも見て取ることができる。例えば，クレド委員会が主催する理念朝礼においても，天彦産業の委員会活動と同様に，部署の壁を越えたヨコのつながりでチームを編成しており，またチームのメンバーは週ごとにも変えている。歴史的文化的なコンテクストが異なる社員が集まっていることから，経営理念への文化的透明性に差が生じることになり，そこに学習が起こり，knowledgeabilityを身に付けることができるようになっていた。また，スワニーでは，歴史的文化的なコンテクストが社員とまったく異なる，文化的に不透明である外部のお客様や地元住民の方々を理念朝礼のチームのメンバーに招いている。理念朝礼に文化的透明度が異なるメンバーを加えることで，それらを包摂する実践コミュニティで学習が生まれ，メンバー間が

[図表 8 - 5] 実践コミュニティを通じた組織文化形成のメカニズム

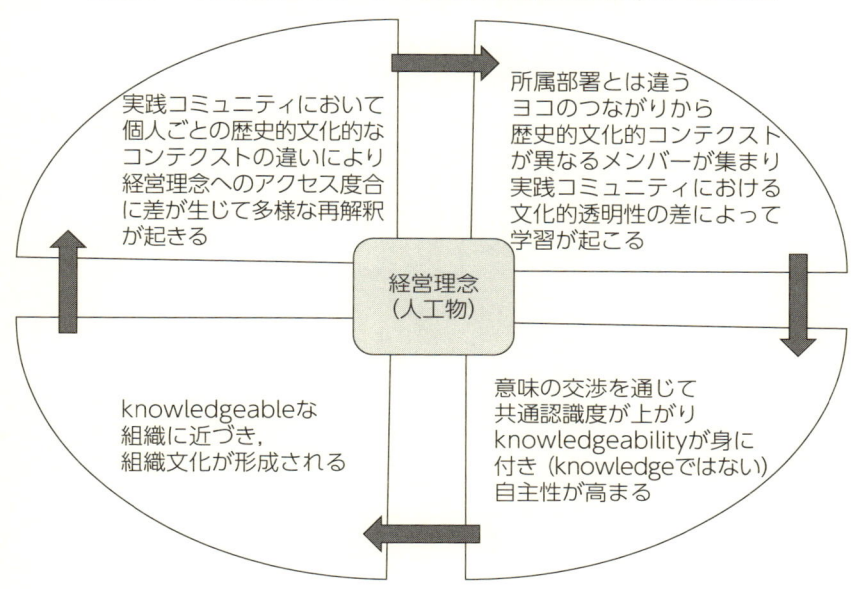

実践コミュニティにおいて
個人ごとの歴史的文化的な
コンテクストの違いにより
経営理念へのアクセス度合
に差が生じて多様な再解釈
が起きる

所属部署とは違う
ヨコのつながりから
歴史的文化的コンテクスト
が異なるメンバーが集まり
実践コミュニティにおける
文化的透明性の差によって
学習が起こる

経営理念
（人工物）

knowledgeableな
組織に近づき，
組織文化が形成される

意味の交渉を通じて
共通認識度が上がり
knowledgeabilityが身に
付き（knowledgeではない）
自主性が高まる

出所：筆者作成

knowledgeableとなり，経営理念が組織レベルで浸透し，すなわち経営理念が
自分だけの解釈ではなくなり，組織文化として形成されていた。

　組織がknowledgeableになることで，文化的透明度が異なる社員間における
経営理念の共通認識が高まり，すなわち経営理念が自分たちの一部となり，そ
の結果，組織文化として形成されていた。さらに，経営理念へのアクセス度合
いが異なるメンバー間で解釈の差異が生じ，再解釈し続けるため，学習も継続
されるというサイクルが生まれることになる。

第**9**章

# 組織文化形成のメカニズム

## 9.1 分析視座における発見事実とリサーチクエスチョンに対する解

### 9.1.1 中小企業における組織文化が形成されるメカニズム

　本書では，経営資源が大企業に比べて十分でない中小企業において，組織の存続のために様々な改革を余儀なくされている中，組織を改革するためには，組織構成などの形式面だけにとらわれず，組織文化に着目することも重要であるという問題意識に基づき，リサーチクエスチョンとして「中小企業では，どのように経営理念が行動レベルにまで浸透し，組織文化の中核を守りながら，新しい組織文化を形成していくのであろうか」という問いを掲げた。そして，事例研究を中心に分析し，これらの問いに答え，経営理念の下位概念の浸透から組織文化の形成までのメカニズムについて，中小企業ならではの視点で多面的に考察してきた。本節では，前章までにわかった発見事実から，第4章で設定した3つの分析視座に基づき考察し，リサーチクエスチョンに対する解を導出する。

[分析視座1]
　中小企業における経営理念が実践コミュニティを通じて浸透し，組織文化として形成されるプロセス

**［分析視座１の発見事実］**

　事例対象企業のスワニーにおいて，社員間で経営理念の下位概念にあたるクレドの共通認識度が高められると，組織文化が形成されることが確認された。スワニーでは，社内のヨコのつながりから構成されているクレド委員会が主催する，理念朝礼やクレド見直し活動などが，参加する社員のクレドへの浸透度と共通認識を高める役割を果たしていた。共通認識度が上がると主体性も高まり，よって社員の自発的な行動も起こりやすく，実践コミュニティ自体も活動しやすくなる。

　実践コミュニティが主導するからこそ，主体性を持つことができるという好循環も生まれる。実践コミュニティによる各種活動を通じて，自身のクレドの解釈が，他の社員のものと近づき始め，徐々に社内での共通認識度も高まっていた。また，クレド委員会では，理念朝礼やクレド見直し活動を通じて，経営理念の上位概念である社是やクレド憲章も取り上げていたが，実際のところは，実践コミュニティが機能し，下位概念であるクレドに具体的な加筆修正が行われた（図表５－６）。

　また，主体性を持っている社員は，クレドをしっかりと理解した上で自らの中に落とし込み，組織文化として認識するようになり，組織文化が形成されていた。そして，組織文化を組織全体の集団レベルでとらえていた。クレドの浸透が組織文化形成へとつながっていくことは，クレドの中心性を示す語が，クレドの共通認識度が高いグループに含まれていたことからも明らかであった。業務上の役割分担が曖昧になりがちな中小企業にとっては，大企業のようにタテのつながりで経営理念を浸透させることは難しいかもしれないが，逆にフラット型組織を導入していることから，ヨコのつながりを活かした組織文化形成は利点となり得る。

## 9.1.2　組織文化移転のための組織マネジメント

**［分析視座２］**

　中小企業において，組織文化を海外子会社に共有，移転させていくための組織マネジメント

**［分析視座２の発見事実］**

　中小企業において，組織文化を共有，移転させていく必要性がある中で，最も遠い存在の１つが海外子会社であろう。物理的な距離があることで，コミュニケーションは国内にいるよりも取りづらくなる。今やインターネット経由でテレビ会議なども容易にできるようにはなったが，直接対面で取るコミュニケーションとまったく同じというわけではなく，加えて時差の問題などもある。さらに，組織文化を共有する以前に国家文化の違いもクリアにしておかなくてはならない。

　そのような厳しい環境下においてスワニーでは，国内本社と海外子会社がそれぞれフラット型組織であり，さらに国内外がお互いにフラット型組織という並列な関係でつながっていること，そして，並列な関係性が維持できるように，同じ目線でコミュニケーションを取っているなど，国内本社，海外子会社間の距離を縮めるための取り組みが海外子会社への組織文化移転には有効であった。これらは中小企業ならではの取り組みである。大企業では規模的に国内本社をフラット型組織とすることが難しいので，どうしても国内本社と海外子会社の間では力関係による格差が生じ，上下の関係や，国内本社から海外子会社への意向の押しつけも生じがちとなってしまうが，中小企業だからこそ，国内本社の一部署と海外子会社を並列に扱う組織構造を実現することが可能となる。

　海外子会社も国内本社と同じフラット型組織であることで，ヨコの連携を通じて実践コミュニティが生成されやすい環境にあり，そこでの活動を通じて現地社員一人ひとりが組織マネジメントを担えるようになっていく。中国スワニー会の発表準備を自発的に行う現地社員や，中国工場で残業に不満を漏らす現地社員など，立ち位置は様々であるが，長く勤務する現地社員が，触媒的仲介者として現地社員にとっての頼りがいのある存在となり，さらにブローカー役としての役割を果たしていた（図表９−１）。

　また，スワニーでは経営理念の１つである世界共通の社是が，バウンダリー・オブジェクトとして機能していた。中小企業は駐在員として派遣できる人材の確保が難しく，育成する資金も十分でないことが多いが，組織マネジメント次第で海外子会社へ国内本社の組織文化を移転することは可能となる。

184

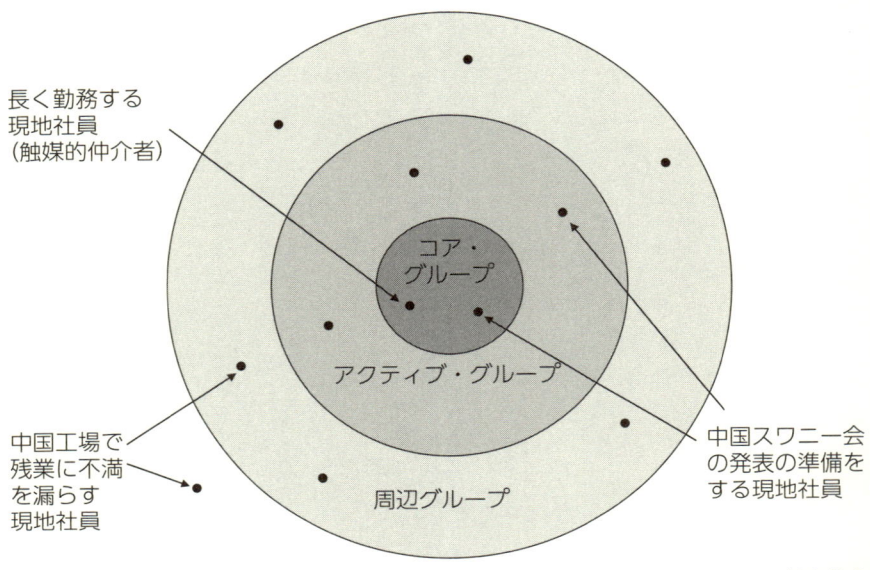

[図表9-1] スワニーの海外子会社における現地社員の実践コミュニティ参加度合い

長く勤務する
現地社員
(触媒的仲介者)

中国工場で
残業に不満
を漏らす
現地社員

コア・グループ

アクティブ・グループ

周辺グループ

中国スワニー会
の発表の準備を
する現地社員

出所：インタビュー調査結果をもとに筆者作成

### 9.1.3　組織文化形成における文化的透明性の意義

[分析視座3]

　中小企業における経営理念浸透から組織文化形成に至るプロセスにおいて，文化的透明性が持つ意義

[分析視座3の発見事実]

　天彦産業の委員会メンバーは，性別，年齢，勤務年数，職種，役職，国籍など，歴史的文化的なコンテクストがバラバラな社員で構成されていた。さらに，ダイバーシティの観点から，天彦産業は女性社員が活躍しているが，男社会と言われてきた鉄鋼業界で，産休・育休制度ができ，出産後復帰する女性社員も多い。このように歴史的文化的なコンテクストが異なる社員により構成される実践コミュニティでは，活発な学習が起きていた。スッキリ委員会の活動では，「社員第一主義」に対する知識およびアクセス度合いに差がある，すなわち文

化的透明度が異なるメンバー同士が相互補完することを通じて学習が起きていた。

文化的透明性が高いか低いかは，社員ごとの所属部署，性別，年齢，勤務年数，その他プライベートを取り巻く環境などの歴史的文化的なコンテクストに大きく左右される。文化的透明度に差があるメンバーを包摂する実践コミュニティがあると，そこに「学習」が起こり，実践に多大な意義をもたらすことができる。実践コミュニティのメンバーは，knowledge（知識）ではなく，知識を使ってやりくりできる力であるknowledgeabilityを身に付けていくことができる。

メンバー間の文化的透明度に差がある実践コミュニティでは，意味の交渉が行われ，学習が起こり，knowledgeabilityを身に付けられる。つまり，ヨコのつながりによる多様な社員の集まりから実践コミュニティが生成され，文化的透明度の違いによる学習を通じて，メンバー間がknowledgeableとなり，経営理念が組織レベルで浸透し，すなわち経営理念が自分のものだけではない共通の解釈となり，組織文化として形成されることになる。

また，分析視座1の発見事実で述べた通り，スワニーにおける実践コミュニティを通じた，ボトムアップで行われた経営理念の見直しは，経営理念全体が対象だが，コアとなる上位概念の共通認識は高められたものの，具体的な変更には至らず，社是とスワニー憲章は変わっていない。それら上位概念のコアの部分を十分に引き出しながら，時代に応じた，そして社内環境に合った形へと下位概念であるクレドが加筆修正されていた（**図表5－6**）。つまり，**図表5－6**の加筆修正されたハイライト部分が，経営理念のコアな部分を活かしながらも，時代や環境変化に応じて変更が加えられた箇所となる。これらはまぎれもなく実践コミュニティにおける文化的透明度の差から生み出された学習による産物であり，社員ごとの歴史的文化的コンテクストの違いにより，経営理念へのアクセス度合いに差が生じて，多様な再解釈が創出され，新たな学習へと継続していたのである。

## 9.1.4　リサーチクエスチョンに対する解

分析視座の発見事実から，以下の通り，リサーチクエスチョンの解が導き出

された。

[リサーチクエスチョン]
　<u>中小企業では，どのように経営理念が行動レベルにまで浸透し，組織文化の</u>
<u>中核を守りながら，新しい組織文化を形成していくのであろうか</u>

　1点目は，社内のヨコのつながりから，所属部署のメンバー以外も含む歴史
的文化的なコンテクストが異なるメンバーが集まり，その集団で実践コミュニ
ティが生成されると，文化的透明度の差から学習が促進され，経営理念の下位
概念の共通認識度が上がり，knowledgeabilityが身に付き自主性が高まること
である。つまり，経営理念の下位概念が社員たち自らのものになり，組織文化
を個人単位ではなく，組織全体のものとして認識するようになる
knowledgeableな組織となり，組織文化が形成される。社員間で共通認識が高
められた経営理念は，組織文化の中心性に位置づけられ，中核は守られながら
新しい組織文化として形成される。なお，実践コミュニティにおける個人ごと
の歴史的文化的コンテクストの違いから，経営理念へのアクセス度合いに差が
生じるため，多様な再解釈が創出され，新たな学習へと継続するサイクルが生
まれる。サイクルの中で，ボトムアップで変わっていくのは，経営理念のコア
の部分ではない下位概念であり，したがって，組織文化の中核も変えられるこ
となく維持されることになる。
　2点目は，中小企業に多いフラット型組織はタテの関係よりもヨコの連携が
強いため，実践コミュニティが形成されやすく，そこでの活動を通じて社員一
人ひとりが組織マネジメントを担えるようになっていく。組織マネジメントが
高まれば，物理的に離れた場所であっても，経営理念がバウンダリー・オブ
ジェクトとなり，触媒的の仲介者でもあるブローカー役が，組織文化の中核を守
りながら組織文化を移転させることに貢献し，現地での組織文化として形成さ
れる。

## 9.2 本書の意義

　本書の意義は，中小企業においていかにして組織文化の中核を守りながら，経営理念の下位概念の浸透から新しい組織文化を形成していけるのか，メカニズムの一端を明らかにしたことである。中小企業に特化した組織文化形成に関して分析した理由は，中小企業であっても急速に変化する環境に乗り遅れないように，常に改革の意識を持つことが求められ，かつ，急激な人口減少に伴い縮小傾向にある国内マーケットのみでなく，海外展開も視野に入れておかねばならないという背景がある。これまでは下請け業務中心だったかもしれないが，今後は中小企業自らが変革し続けていくことが重要であり，その時々に最適な組織文化を形成していくことが必須となる。社員の多様性を容認できる組織文化は，社員が警戒することなく個性を露呈することができるようになり，自由闊達な組織文化を築くことができる。

　組織として大切にしてきた経営理念のコアの部分は守りながらも，多様な意見，時には相反する意見すらも受け入れられる許容が生まれる。なぜならば，組織文化がスクリーニングする機能を持っているからである。スクリーニングといっても，トップダウンで，良い，悪いと決めつけられるものではない。学習の本質である実践コミュニティへの参加による意味の交渉を通して，ボトムアップで自然に組織文化形成を可能とする。実践コミュニティにより形成された組織文化は，トップダウンで押し付けられたものとは異なり，健全かつ耐性の強い組織文化である。

　なお，Lave（2019）は，経営学でよく使われている「後期実践コミュニティ」について，本来の実践コミュニティの意義を逸脱し，経営者によるマネジメントによって管理された問題解決ツールへと都合よく解釈されていると批判しているが，文化的透明度の差を活用して学習を促進し，knowledgeabilityを高められることは後期実践コミュニティの本質の一端であると考えている。

　ところで，経営理念と組織文化は企業によってまちまちであるが，半永久的に継続されていくべきものであろうか。おそらくそうではないであろう。なぜなら，時代の経過とともに世の中の情勢は変わりゆくものであり，同時に経営

理念を制定した経営者もいつかは引退を迎えるからである。経営者が交替すれば，企業のポリシーも変わって当然であり，それに伴い行動指針，組織文化も変わり得る。経営の継承者は，自身の考えやポリシーを経営理念に反映させようとするが，その際に，それまで続いてきた企業の価値観としての経営理念について，どこを変え，どこを変えないのか，悩むケースも少なくないであろう。組織文化も強ければ強いほど，多くの社員が組織文化に従順に実践しているため，仮に徐々にでも本来の組織文化にズレが生じても気づきにくく，また気づいたとしても軌道修正しようと声を挙げることは個人レベルではとても難しい。組織文化とは，個人単位で変わるものではなく，無意識のうちに周囲を見て学び，教え込まれていくものである。

　前の時代から引き継ぎ，変更を加えない方がよい経営理念は，企業の基礎となる価値観として経営理念の上位概念として維持されるべきものである。他方で，時代や環境の変化，そして後継者の考えや価値観は，経営理念の下位概念にあたる行動指針などにおいて，その時々で当該企業に最もふさわしいものにしていけばよい。時代ごとの状況に応じて変更を加えられる行動指針等においては，企業内で生成される実践コミュニティの学習を通じて組織文化として形成されていくことがわかった。

　実践コミュニティでは，参加者の学習進度や理解度の差を埋め合わせることができると考えられ，新たなメンバーが入り新たな考えが持ち込まれたとしても，その新しい考えを取り込んで差し支えないか，もしくは不採択とすべきか，組織文化が一種の見張り役となり，チェック機能を果たすことになる。組織文化がチェック機能を果たすことにより，組織文化の中核は維持することができるようになる。共通性を探し，組織文化の中核を維持できると判断された場合には取り入れられるし，逆に親和性が見当たらないと判断されれば排除される。実際，組織文化の改革は，経営理念に従ったものではなく，トップダウンで強引に断行されたり，それができないときには従来の組織文化を貫き通したりするケースが多いが，当然それらは健全なものではない。経営理念の浸透からボトムアップで行われるべきであり，相反する部分は取り除かれ，組織が進むべき方向性を見失わないように誘導されながら，新しい組織文化が上乗せされていく。

## 9.3 ┃ 本書の限界と今後の課題

　本書の限界は，事例対象企業数が十分でない点にある。本書では，中小企業における組織文化の形成に関するメカニズムを解明するために，特異な事例に焦点を当て，より詳細な情報やデータを収集し，分析を行ってきた。理念経営を行っており，海外子会社を保有し，さらに概念的枠組みには実践コミュニティを用いたため，実践コミュニティが生成しやすいとされている100人規模の中小企業を事例対象とした。しかし，他の中小企業においても同様の発見事実を見出すことができるのか，一般化できるのかについてはまだ確認できていない。また，実践コミュニティの貢献度は，例えば企業の規模や業種，経営者の考え方などにより差が生まれるのか，さらに経営理念に対する社員間の文化的透明度の差はどの程度が最適なのか，などは分析できなかった。

　今後の課題は，他の中小企業に対して同様の分析を行うことである。はたして異なる規模の中小企業においても同様の結果が見られるのか，特に100人よりも大きな規模の中小企業にも，実践コミュニティの有効性は認められるのかを確認することは，他の中小企業にも援用できるのかに関わってくる。また，例えば100人規模の部署が複数存在するような，より大きな規模の企業においても，部署単位で同様に実践コミュニティによる組織文化の形成が認められるのかについても分析する必要がある。また，文化的透明性の概念についても，どのように経営学に応用できるのか，事例分析を重ねて深めていく必要があると考えている。

# あとがき

　本書は，2024年3月に法政大学より学位を授与された博士学位論文を加筆修正の上で出版したものです。本書執筆にあたっては，多くの方々にご指導とご支援をいただきました。この場をお借りして感謝申し上げます。

　博士課程進学後，現在に至るまで，恩師である井上善海教授には研究指導，そして研究者としての心得をはじめとした広範囲にわたる丁寧なご指導をいただきました。心より御礼申し上げます。博士論文の審査において，主査をお務めいただいた法政大学大学院政策創造研究科の石山恒貴教授，ならびに副査をお務めいただいた神奈川大学経済学部の遠原智文教授には，専門的な視点からご指導を賜りました。両先生からのご指導により，研究に深みを持たせることができました。謹んで御礼申し上げます。

　法政大学大学院政策創造研究科の先生方にも，多くの示唆に富むアドバイスとともにご厚情をいただきました。社会人大学院にて同じ志を持ち集った井上ゼミの皆様とは，いつも活発な議論を交わし，おかげさまで常に楽しく前を向いて研究に取り組むことができました。かけがえのない同志と一緒に学べたことは一生の財産です。

　そして，ご多忙中にもかかわらず，各種調査にご協力いただきました企業の皆様にも厚く御礼申し上げます。博士論文執筆中には，たくさんの方々にインタビューさせていただく機会がありました。言葉で表現することは難しいですが，仕事への想い，熱意などをひしひしと感じることが多く，日本の中小企業の底力をあらためて思い知らされた気がします。また，筆者初の単著出版の機会を与えていただきました株式会社中央経済社の山本継社長，学術書編集部の納見伸之編集長に心より御礼申し上げます。

　以上のように，本書は実に多くの方々に支えられ完成させることができました。ここに重ねて感謝を申し上げます。

　本刊行物は2024年度法政大学大学院優秀博士論文出版助成金の助成を受けたものです。

＜参考文献＞

1．日本語文献

相原君俊（2019）「一村一品運動の今　〜現在も活動を継続するグループの特徴から〜」『地域イノベーション』第11号, pp.49-59

相原君俊（2021）「フラット型組織における実践コミュニティの有効性に関する一考察　―文化的透明性獲得の視点から―」『経営教育研究』第24巻, 第2号, pp.31-41

相原君俊（2022）「実践コミュニティにおける二重編み組織に関する一考察　―地方の農家グループの事例を対象に―」『経営哲学』第19巻, 第1号, pp.49-60

相原君俊（2023）「中小企業における海外子会社への組織文化移転に関する一考察　―グローバル人材不足を補完する組織マネジメント―」『イノベーション・マネジメント』第20巻, pp.135-148

浅野俊光（1991）『日本の近代化と経営理念』日本経済評論社

石井遼介（2020）『心理的安全性のつくりかた「心理的柔軟性」が困難を乗り越えるチームに変える』日本能率協会マネジメントセンター

石山恒貴（2013a）「地域活性化における実践共同体の役割　―NPO2法人による地域の場づくりに向けた取り組み事例―」『地域イノベーション』第6号, pp.63-75

石山恒貴（2013b）『組織内専門人材のキャリアと学習　―組織を越境する新たな人材像―』日本生産性本部生産性労働情報センター

石山恒貴（2016）「企業内外の実践共同体に同時に参加するナレッジ・ブローカー（知識の仲介者）概念の検討」『経営行動科学』第29巻, 第1号, pp.17-33

石山恒貴（2018）『越境的学習のメカニズム　実践共同体を往還しキャリア構築するナレッジ・ブローカーの実像』福村出版

石山恒貴（2022）「越境概念における組織内外の「意味の交渉」　―多次元化された事故の認知と葛藤―」『経営行動科学』第32巻, 第1・2号, pp.11-28

石山恒貴（2023）「特集：現在の労働問題を考える上で改めて読んでおきたい文献　レイヴ＝ウェンガー『状況に埋め込まれた学習　―正統的周辺参加』」『日本労働研究雑誌』第753号, pp.54-57

石山恒貴・伊達洋駆（2022）『越境学習入門　―組織を強くする冒険人材の育て方―』日本能率協会マネジメントセンター

伊丹敬之・加護野忠雄（2003）『ゼミナール経営学入門』第3版, 日本経済新聞社

伊丹敬之・軽部大（2004）『見えざる資産の戦略と論理』日本経済新聞社

伊藤崇・藤本愉・川俣智路・鹿嶋桃子・山口雄・保坂和貴・城間祥子・佐藤公治（2004）「状況論的学習観における『文化的透明性』概念について：Wengerの学位論文とそこから示唆されること」『北海道大学大学院教育研究科紀要』第93号, pp.81-157

伊藤澄夫（2017）「家族的経営でローカル社員の心をつかみ，活躍させる！」『工場管理』第63巻, 第4号, pp.58-61, 日刊工業新聞社

井上善海（2002）『ベンチャー企業の成長と戦略』中央経済社

井上善海（2022）『負けない戦略』中央経済社

今井希（2013）「経営戦略論における実践論的転回の可能性　―「実践としての戦略」の検討をつうじて―」『Informatics』第6巻, pp.5-14

上野直樹（1999）『仕事の中での学習　状況論的アプローチ』東京大学出版会

上野直樹・ソーヤーりえこ（2009）「実践共同体のマテリアリティと構造化された資源：状況的学習論の観点」『組織科学』第43巻，第1号，pp.6-19

上野直樹・ソーヤーりえこ（2010）『文化と状況的学習　実践，言語，人工物へのアクセスのデザイン』凡人社

薄井和夫（2010）「マーケティング現場における状況特異的知識　—関連性理論および実践コミュニティ論の検討—」『同志社商学』第61巻，第6号，pp.414-430

薄井和夫（2013）「『実践としてのマーケティング』研究と実践コミュニティ　—『実践論的転回』によせて—」『商学論纂』第54巻，第5号，pp.165-205

梅澤正（1994）『顔の見える企業：混沌の時代こそ経営理念』有斐閣

梅澤正（2003）『組織文化　経営文化　企業文化』同文舘出版

小江茂徳（2018）「組織成員の学習と論点：状況的学習論を手掛かりとして」『九州地区国立大学教育系・文系研究論集』第5巻，第2号，pp.1-13

大木清弘（2009）「国際機能別分業下における海外子会社の能力構築　—日系HDDメーカーの事例研究—」『国際ビジネス研究』第1巻，第1号，pp.19-34

大木清弘（2011）「海外工場の能力構築における本国人トップの強み：本国工場に頼らない能力構築の促進」『組織科学』第44巻，第3号，pp.53-69

大木清弘（2014）『多国籍企業の量産知識　—海外子会社の能力構築と本国量産活動のダイナミクス—』有斐閣

大木清弘（2016）「海外子会社のパフォーマンスと本社，駐在員，現地スタッフの権限　—タイの日系販売子会社への質問票調査—」『国際ビジネス研究』第8巻，第1号，pp.59-72

大谷尚（2008）「4ステップコーディングによる質的データ分析手法　SCATの提案　—着手しやすく小規模データにも適用可能な理論化の手続き—」『名古屋大学大学院教育発達科学研究科紀要（教育科学）』第54巻，第2号，pp.27-44

大谷尚（2011）「SCAT: Steps for Coding and Theorization　—明示的手続きで着手しやすく小規模データに適用可能な質的データ分析手法—」『感性工学』第10巻，第3号，pp.155-160

大谷尚（2019）『質的研究の考え方　研究方法論からSCATによる分析まで』名古屋大学出版会

大野泉（2015）『町工場からアジアのグローバル企業へ　—中小企業の海外進出戦略と支援策』中央経済社

大野健一（2015）「ものづくり中小企業の海外進出　—政策論」大野泉編著『町工場からアジアのグローバル企業へ　—中小企業の海外進出戦略と支援策』第1章, 中央経済社

小川史郎（2009）「A社バイヤーの創造的活動　—活動理論とコミュニティ・オブ・プラクティスによる事例分析—」『経済科学論究』第6号，pp.57-71

奥村惠一（1994）『現代企業を動かす経営理念』有斐閣

小沢和彦（2014）「組織変革における組織文化の強さの組織慣性への影響　—日産自動車の事例—」『日本経営学会誌』第34号，pp.63-74

小野香織（2014）「日米企業の企業文化にみられる国の文化の影響」『商学研究科紀要』第77巻，pp.185-200

小野香織（2017）「多国籍企業における国の文化の影響」『国際ビジネス研究』第9巻，第1-2

号, pp.91-102

小原久美子（2007）『現代組織文化論研究　―経営学における組織文化論の過去・現在・展望―』白桃書房

小原久美子（2014）『経営学における組織文化論の位置づけとその理論的展開』白桃書房

小原久美子（2016）「経営イノベーションと組織文化変革のリーダーシップ　―組織変革論の新たな視点としての組織文化変革―」『県立広島大学経営情報学部論集』第 8 号, pp.61-77

香川秀太・青山征彦（2015）『越境する対話と学び：異質な人・組織・コミュニティをつなぐ』新曜社

柿野成美（2019）『消費者教育の未来　分断を乗り越える実践コミュニティの可能性』法政大学出版局

加護野忠雄（1988）『組織認識論　―企業における創造と確信の研究―』千倉書房

加護野忠雄・角田隆太郎・山田幸三・（財）関西生産性本部（1993）『リストラクチャリングと組織文化』白桃書房

加藤秀雄（2011）『日本産業と中小企業　海外生産と国内生産の行方』新評論

金井壽宏・松岡久美・藤本哲（1997）「コープこうべにおける「愛と協同」の理念の浸透　―組織の基本価値が末端にまで浸透するメカニズムの探求―」『組織科学』第31巻, 第 2 号, pp.29-39

金井壽宏・楠見孝（2012）『実践知　エキスパートの知性』有斐閣

神谷宜泰（2020）「後継経営者の状況的学習と課題　―中小製造業の事業承継と経営革新―」『中小企業学会論集』第39巻, pp.3-16

河合篤男（2006）「強い文化を持つ企業の革新プロセスに関する分析視角　相互作用モデルを基盤として」『オイコノミカ』第43巻, 第 2 号, pp.17-41

姜徳洙（2015）「海外進出企業のリスクマネジメント　―日韓中小企業の事例―」『危険と管理』第46号, pp.41-53

岸政彦（1996）「建築労働者になる　―正統的周辺参加とラベリング」『ソシオロジ』第41巻, 第 2 号, pp.37-53

岸本太一・粂野博行（2014）『中小企業の空洞化適応　日本の現場から導き出されたモデル』同友館

北居明（1995）「組織文化の測定　―経営組織における下位文化の定量的研究―」神戸大学大学院経営学研究科博士論文

北居明（2012）『組織文化の定量的研究　―マルチレベル・アプローチ―』大阪府立大学経済研究叢書第101冊

北居明（2014）『学習を促す組織文化　マルチレベル・アプローチによる実証分析』有斐閣

北原敬之（2017）「日本企業の海外拠点における現地化と業務移転の困難をめぐる諸問題」『関東学院大学経済系』第270集, pp.82-91

北見幸一・柴山慎一・清水正道（2021）「経営理念の浸透と組織文化に関する一考察　―企業アンケート調査と事例研究より―」『広報研究』第25号, pp.103-110

木村達郎（2010）「新しい実践の可能性　―実践的行為と組織の制度についての研究課題―」『経済科学論究』第 7 号, pp.87-97

清成忠雄・田中利見・港徹雄（1996）『中小企業論』有斐閣

栗原亘・伊藤嘉高・森下翔・金信行・小川湧司（2022）『アクターネットワーク理論入門「モ

ノ」であふれる世界の記述法』ナカニシヤ出版

経済産業省（2020）「令和元年度 新・ダイバーシティ経営企業100選　100選プライム／新
　　100選　ベストプラクティス集」

髙巖（2010）「経営理念はパフォーマンスに影響を及ぼすか　―経営理念の浸透に関する調
　　査結果をもとに―」『麗澤経済研究』第18巻，第 1 号，pp.57-66

河野豊弘（1993）「全社の企業文化と部門文化」『組織科学』第27巻，第 2 号，pp.48-60

国立社会保障・人口問題研究所（2019）『人口統計資料集（2019）』

小松秀雄（2007）「アクターネットワーク理論と実践コミュニティ理論の再考」『神戸女学院
　　大学論集』第54巻，第 2 号

齋藤彰一（2017）「海外製造拠点の自立化と柔軟なモノづくりを行うための人材育成」『工場
　　管理』第63巻，第 4 号，pp.16-19，日刊工業新聞社

佐伯胖（1999）「監訳者あとがき」, Suchman, A. Lucy (1987), *Plans and Situated Actions:
　　The Problem of Human-Machine Communication*, Cambridge University Press（監訳；
　　佐伯胖，訳；上野直樹・水川喜文・鈴木栄幸（1999）『プランと状況的行為―人間-機械
　　コミュニケーションの可能性』産業図書）pp.209-214

坂下昭宣（2001）「二つの組織文化論：機能主義と解釈主義」『国民経済雑誌』第184巻，第 6
　　号，pp.15-31

坂本光司（2013）『日本でいちばん大切にしたい会社 4 』あさ出版

咲川孝（1998）『組織文化とイノベーション』千倉書房

咲川孝（2013）「組織文化が組織死亡率に及ぼす効果に関する研究」『組織学会大会論文集』
　　第 2 巻，第 1 号，pp.56-62

咲川孝（2017）「組織文化研究と異文化研究のインターセクション」『日本経営学会経営学論
　　集』第87集，pp.（36）-1-（36）-8

咲川孝（2018）「多国籍企業の組織文化に関する一考察」『組織学会大会論文集』第 7 巻，第
　　2 号，pp.312-318

佐竹隆幸（2014）『現代中小企業の海外事業展開　―グローバル戦略と地域経済の活性化』
　　ミネルヴァ書房

佐藤郁哉・山田真茂留（2004）『制度と文化　組織を動かす見えない力』日本経済新聞社

佐藤郁哉（2015）『質的データ分析法』新曜社

佐野守・若林満（1987）「経営理念と企業の組織風土特性　―実証的データに基づく比較研
　　究―」『経営行動科学』第 2 巻，第 1 号，pp.23-35

柴田仁夫（2013）「経営理念の浸透に関する先行研究の一考察」『経済科学論究』第10号，
　　pp.27-38

柴田仁夫（2017）『実践の場における経営理念の浸透』創成社

柴野良美（2020）「組織文化が企業不正に与える影響　―企業理念のテキストマイニングを
　　用いた定量的実証研究―」『日本経営学会誌』第45号，pp.81-94

商工中金（2018）「中小企業の海外進出に対する意識調査」

鈴木勘一郎（2009）「中堅中小企業における理念経営に関する研究　―価値，理念浸透，そ
　　して業績―」『日本ベンチャー学会誌』第14巻，pp.13-22

鈴木竜太（2001）「コープこうべの店舗における組織コミットメントとその決定要因　―組
　　織文化とリーダー行動を中心として―」『経営行動科学』第14巻，第 3 号，pp.129-141

住原則也・三井泉・渡邊祐介（2008）『経営理念　継承と伝播の経営人類学的研究』PHP研

究所

関智宏（2018）「中小企業の国際化と成長発展プロセス　―「ヒト」の国際化による企業組織の質的変化―」『日本中小企業学会論集』第37集, pp.31-44

瀬戸正則（2009）「経営理念の組織内浸透に係わる先行研究の理論的考察」『マネジメント研究』第 9 号, pp.25-35

瀬戸正則（2017）『戦略的経営理念論　―人と組織を活かす理念の浸透プロセス―』中央経済社

総務省（2019）「高度外国人材の受入れに関する政策評価書」

高尾義明・王英燕（2011）「経営理念の浸透次元と影響要因　―組織ルーティン論からのアプローチ―」『組織科学』第44巻, 第 4 号, pp.52-66

高垣行男（2017）『地域企業における知識創造』創成社

高垣行男（2019）『国際ビジネスの新潮流　―ダイナミックOLIサイクルの試み―』創成社

高垣行男（2020）「国際ビジネスと地域特性」『経済研究所所報』第23巻, pp.87-110

高木光太郎（1999）「正統的周辺参加論におけるアイデンティティ構築概念の拡張―実践共同体間移動を視野に入れた学習論のために―」『東京学芸大学海外子女教育センター研究紀要』第10巻, pp.1-14

高田馨（1986）「経営文化と経営理念」『追手門経済論集』第21巻, 第 1 号, pp.1-19

髙橋俊一（2015）「日本中小企業の新興国における知識共有　―在ベトナム拠点の事例から―」『経営学論集』第85集, pp.（02）-1-（02）-9

田崎俊之（2009）「伏見酒造業における酒造技術者の実践コミュニティ」『フォーラム現代社会学』第 8 巻, pp.105-119

多田和美・中川功一・今川智美（2015）「新興国子会社における組織社会化の 2 つの成功パターン　―日本多国籍企業Ａ社のタイ拠点とカンボジア拠点の比較分析―」『国際ビジネス研究』第 7 巻, 第 2 号, pp.75-87

田中秀樹（2006）「グローバル経営における組織文化への序論」『同志社政策科学研究』第 8 巻, 第 2 号, pp.245-255

田中雅子（2006）『ミッションマネジメントの理論と実践　経営理念の実現に向けて』中央経済社

田中雅子（2012）「理念浸透プロセスの具体化と精緻化　― 3 つのモデルを検討材料に―」『経営哲学』第 9 号, 第 1 号, pp.21-31

田中雅子（2014a）「若手成員の経営理念浸透プロセスとシンボルの重要性　―堀場製作所の事例―」『経営哲学』第11巻, 第 1 号, pp.32-46

田中雅子（2014b）「個人における経営理念浸透プロセスの解明　―経営者・役員・管理者・若手へのインタビュー調査を総合して―」『経営哲学』第11巻, 第 2 号, pp.23-41

田中雅子（2016）『経営理念浸透のメカニズム：10年間の調査から見えた「わかちあい」の本質と実践』中央経済社

田中雅子（2022）「堀場作所三代目の経営理念浸透プロセスの分析　―「正統的周辺参加」理論アプローチ―」『経営哲学』第18巻, 第 2 号, pp.19-36

田辺繁治（2003）『生き方の人類学　実践とは何か』講談社現代新書

丹下英明（2015a）「中小企業の海外展開に関する研究の現状と課題　―アジアに展開する日本の中小製造業を中心に―」『経済科学論究』第12号, pp.25-39

丹下英明（2015b）「中小企業の海外進出にみる変化　―直接投資を中心に―」『日本政策金

融公庫論集』第29号, pp.1-18

丹下英明（2016）『中小企業の国際経営　市場開拓と徹底にみる海外事業の変革』日本政策金融公庫総合研究所

丹下英明（2018）「中小企業における海外拠点の存続要因」『経営・情報研究　多摩大学研究紀要』第22巻, pp.67-82

丹下英明（2023）「日本中小企業の国際化に関する研究の現状と課題　—2010年以降の変化を中心に—」『イノベーション・マネジメント』第20巻, pp.85-100

丹野勲（2021a）『日本の国際経営の歴史と将来—アジアとの交易・投資の通史と国際交流—』創成社

丹野勲（2021b）『国際・歴史比較経営と企業論　モダン・情報化・グローバル化・SDGsと経営行動』泉文堂

中小企業基盤整備機構（2017）「平成28年度中小企業海外事業活動実態調査報告書」

中小企業庁（2019）『中小企業白書2018』日経印刷

中小企業庁（2020）『中小企業白書2019』日経印刷

中小企業庁（2021）『中小企業白書2020』日経印刷

張バーバラ雪心（2004）「ヒューマンウェア技術の国際移転　—「触媒的仲介者」の役割—」伊丹敬之・軽部大編著『見えざる資産の戦略と論理』第7章, 日本経済新聞社

土屋勉男・金山権・原田節雄・高橋義郎（2015）『革新的中小企業のグローバル経営　—「差別化」と「標準化」の成長戦略—』同文舘出版

筒井万理子（2002a）「「場」と「実践共同体」についての一考察」『星陵台論集』第35巻, 第1号, pp.83-98

筒井万理子（2002b）「知識マネジメントと組織デザイン　—「実践共同体」の視点からの考察—」『星陵台論集』第35巻, 第2号, pp.97-111

鄭偉（2018）「日系企業の企業文化浸透と駐在員／現地人社員の役割とチャレンジ　—中国進出する日本企業のフィールド・リサーチを通しての実証研究—」『経営経理研究』第110号, pp.83-104

丁可（2015）「日系中小サプライヤーの中国市場開拓に関する一考察　—日本的生産システムの海外展開の視点から—」『アジア経済』第56巻, 第1号, pp.10-33

帝国データバンク（2019）「特別企画：海外進出に関する企業の意識調査（2019年）」

出口将人（2004a）『組織文化のマネジメント　行為の共有と文化』白桃書房

出口将人（2004b）「組織文化にかんする根本的問題」『オイコノミカ』第40巻, 第3・4号, pp.43-60

寺澤朝子・弘中史子（2017）「中小企業のグローバル化と組織的対応　—マレーシアでの海外生産を事例として—」『経営学論集』第87集, pp. F7-1-F7-8

遠原智文（2019）「中小企業の海外展開と海外展開支援」『研究年報経済学』第77巻, 第1号, pp.155-167

東洋経済新報社（2021）『海外進出企業総覧』

トムソン木下千尋（2017）『外国語学習の実践コミュニティ　参加する学びを作るしかけ』ココ出版

中川功一・佐々木将人・今川智美（2017）「組織文化の海外移転について, 我々が知り得ていることと, これからの方向性」『組織科学』第50巻, 第4号, pp.21-30

中川充（2021）『資源蓄積のジレンマ　新興国市場戦略の本質的課題とその超克』中央経済

社

中川充・中川功一・多田和美（2015）「海外子会社マネジメントにおける組織社会化のジレンマ　―日系企業の新興国海外子会社6社の分析―」『日本経営学会誌』第36号，pp.38-48

中西善信（2018）『知識移転のダイナミズム：実践コミュニティは国境を越えて』白桃書房

中西善信（2019）「競合組織横断型実践コミュニティ　―競合航空会社社員による協力のメカニズム―」『経営行動科学』第31巻，第1・2号，pp.1-16

中根千枝（1967）『タテ社会の人間関係　単一社会の理論』講談社現代新書

中山健（2020）「中小企業の人手不足とダイバーシティ・マネジメント」『中小企業支援研究』第7巻，pp.2-7

長山宗広（2012）『日本的スピンオフ・ベンチャー創出論　―新しい産業集積と実践コミュニティを事例とする実証研究―』同友館

長山宗広（2013）「医工連携による地域イノベーション　―浜松地域の実践コミュニティを事例に―」『商工金融』2016年8月号，pp.5-25

長山宗広（2016a）「医工連携による地域イノベーション　―浜松地域の実践コミュニティを事例に―」『商工金融』2016年8月号，pp.5-25

長山宗広（2022）「協同労働と地域プラットフォーム　―中小企業研究再考にむけて―」『商工金融』2022年6月号，pp.5-35

日本在外企業協会（2019）「第10回　日系企業における経営のグローバル化に関するアンケート調査」結果報告」

日本政策金融公庫総合研究所（2015）「中小企業の海外撤退の実態　～「中小企業の海外事業再編に関するアンケート」から～」

日本政策金融公庫総合研究所（2016）「撤退事例に学ぶ中小企業の海外展開　～海外事業再編にみる撤退経験の活用～」『中小企業動向トピックス』No.105

日本貿易振興機構（JETRO）（2019）「2019年度アジア・オセアニア進出日系企業実態調査」

日本貿易振興機構（JETRO）（2020）「2019年度日本企業の海外事業展開に関するアンケート調査　～JETRO海外ビジネス調査～」

日本貿易振興機構（JETRO）（2021）「2020年度日本企業の海外事業展開に関するアンケート調査　～JETRO海外ビジネス調査～」

額田春華・山本聡・遠原智文・山本篤民・久保田典男・張又心Barbara（2012）『中小企業の国際化戦略』同友館

野中郁次郎・竹内弘高（2020）『知識創造企業　新装版』東洋経済新報社

野林晴彦（2022）「「経営理念」という言葉の原義に関する一考察　―「理念」という言葉の誕生・普及から，「経営理念」の始まりまで―」『日本経営倫理学会誌』第29号，pp.11-26

信川景子（2017）「人的資源管理における組織文化の最善と現状」『星稜論苑』第46巻，pp.1-18

萩原道雄（2011）「経営における状況的学習論と経営倫理に関する一考察」『経営教育研究』第14巻，第1号，pp.39-49

間宏（1984）「日本の経営理念と経営組織」『組織科学』第18巻，第2号，pp.17-27

樋口耕一（2020）『社会調査のための計量テキスト分析　内容分析の継承と発展を目指して　第2版』ナカニシヤ出版

平田仁胤（2016）「状況的学習論の再検討　―ドレイファスのハイデガー解釈に注目して―」

『岡山大学大学院教育学研究科研究集録』第161号, pp.1-9

平田仁胤（2020）「状況的学習論の両義性および動的特質　─ウェンガーの学位論文の検討を通じて─」『岡山大学大学院教育学研究科研究集録』第173号, pp.1-9

平出美栄子（2015）「実践コミュニティ概念の検討　─経営・マーケティングへの適用のために─」『経済科学論究』第12号, pp.53-65

弘中史子（2021）「「内なる国際化」と海外生産」『中小企業学会論集』第40号, pp.97-110

弘中史子・寺澤朝子（2017）「中小企業の海外生産と人材・組織力　先行研究の整理と今後の課題」『彦根論叢』第412号

福島真人（1993）「認知という実践─「状況的学習」への正統的で周辺的なコメンタール」『状況に埋め込まれた学習　正統的周辺参加』産業図書, pp.123-175

福間隆康（2006）「組織風土研究の発展の歴史　─組織風土と組織文化の比較─」『広島大学マネジメント研究』第6号, pp.1-19

藤井辰紀（2014）「中小企業の海外直接投資が国内事業に影響を及ぼすメカニズム」『中小企業学会論集』第33集, pp.173-185

藤田誠（1991）「組織風土・文化と組織コミットメント　─専門職業家の場合─」『組織科学』第25巻, 第1号, pp.78-92

古沢昌之（2020）「多国籍企業における「現地採用本国人」の活用　─中国の日系進出企業への調査を踏まえて─」『グローバル経営』442号, 日本在外企業協会, pp.28-29

細川進（2012）『東かがわ手袋産地の変容』学文社

松岡久美（1997）「経営理念の浸透レベルと浸透メカニズム　─コープこうべにおける「愛と協同」─」『六甲台論集　経営学編』第44巻, 第1号, pp.183-203

松村洋平（1999）「環境適応に向けた企業文化に関する一試論」『東京経営短期大学紀要』第7巻, pp.115-129

松本潔（2011）「NPOにおける組織間協働に関する理論的考察」『自由が丘産能短期大学紀要』第44号, pp.19-38

松本雄一（2012a）「二重編み組織についての一考察」『商学論究』第59巻, 第4号, pp.73-100

松本雄一（2012b）「実践共同体概念の考察　─3つのモデルの差異と統合の可能性について─」『商学論究』第60巻, 第1, 2号, pp.163-202

松本雄一（2013a）「「学習する組織」と実践共同体」『商学論究』第61巻, 第2号, pp.1-52

松本雄一（2013b）「実践共同体における学習と熟達化」『日本労働研究雑誌』第639号, pp.15-26

松本雄一（2015）「実践共同体構築による学習についての事例研究」『組織科学』第49巻, 第1号, pp.53-65

松本雄一（2017a）「実践共同体概念についての一考察　─E. Wengerの実践共同体論を読み解く─」『商学論究』第64巻, 第3号, pp.347-409

松本雄一（2017b）「実践共同体を扱った先行研究の検討」『商学論究』第65巻, 第1号, pp.1-80

松本雄一（2018）「実践共同体構築による学習促進の事例研究　─非規範的視点と越境を中心に─」『日本経営学会誌』第41号, pp.52-63

松本雄一（2019）『実践共同体の学習』白桃書房

松本雄一（2020）「AI時代の人材育成　─学びのコミュニティの観点から─」『日本経営学会誌』第44号, pp.82-90

松本雄一（2022）「『学びの共同体』を用いた技能伝承」『商工金融』2022年4月号，pp.66-67

丸山隼人（2019）「中小企業の海外展開が拓く三つの貢献」『ソシオサイエンス』第25巻，pp.136-152

水谷内徹也（1992）「経営理念序説」『富山大学紀要　富大経済論集』第38巻，第2号，pp.171-201

三好鋭郎（2021）『不自由な足が世界を広げてくれた　―スワニーバッグ誕生物語』あさ出版

村山功（1992）「教育用ソフトウェアのデザインのための2つの概念　―Personal Viewと文化的透明性―」『静岡大学教育学部附属教育実践研究指導センター研究紀要』第1巻，pp.73-84

山倉健嗣（1998）「組織論の構想」『横浜経営研究』第19巻，第2号，pp.9-19

山澤正之（2006）「中小企業の異文化マネジメント　中小企業の国際進出に対する異文化への対応」『大阪大学経済学』第56巻，第3号，pp.35-50

横尾陽道（2004）「企業文化と戦略経営の視点　―「革新志向の企業文化」に関する考察―」『三田商学研究』第47巻，第4号，pp.29-42

横尾陽道（2014）「企業文化の構造と組織の革新プロセス：全社文化と部門文化の動態的プロセスに着目して」『社会イノベーション研究』第9巻，第2号，pp.181-196

横川雅人（2009）「経営理念：その機能的側面と制度的側面」『経営戦略研究』第3号，pp.5-20

横川雅人（2010）「現代日本企業における経営理念の機能と理念浸透策」『ビジネス＆アカウンティングレビュー』第5巻，pp.219-235

吉田健太郎（2017）「中小企業の新たな国際経営戦略に関する予備的考察」『立正経営論集』第49巻，第2号，pp.1-25

吉野直人（2017）「ワークプレイスラーニング研究における状況的学習論の適用と課題　―人材育成プログラムを巡る十全的参加と相互構成的な共同体の実践―」『松山大学論集』第29巻，第3号，pp.101-133

労働政策研究・研修機構（2019）「日本企業のグローバル戦略に関する研究」

渡辺泰宏（2011a）「状況的学習論の経営理念研究への展開に関する一考察」『旭川大学経済学部紀要』pp.61-70

渡辺泰宏（2011b）「経営理念の組織的浸透と組織文化の成立に関する考察」『経営哲学』第8巻，第1号，pp.155-159

渡辺泰宏（2016）「組織成員性の形成に関する考察　―状況的学習論からの接近―」『経営哲学』第13巻，第1号，pp.132-136

## 2．外国語文献

Bartlett, C. A. and Ghoshal, S. (1989) *Managing across borders: The transnational solution*, Boston, Mass: Harvard Business School Press（吉原英樹監訳（1990）『地球市場時代の企業戦略　トランスナショナル・マネジメントの構築』日本経済新聞社）

Barnard, C. I. (1938) *The Functions of the Executive*, Harvard University Press（邦訳；山本安次郎・田杉競・飯野春樹（1968）『新訳　経営者の役割』ダイヤモンド社）

Brown, J. and Duguid, P. (1991) *Organization Learning and Communities-of-Practice:*

*Toward a Unified View of Working, Learning, and Innovation*, Organization Science, Vol.2, No.1, 40-57

Casciaro, Tiziana., Edmondson, Amy C., and Jang, Sujin (2019) *Cross-Silo Leadership*, Harvard Business School Publishing Corporation (スコフィールド素子訳 (2019)『組織の境界を超え協働を促すリーダーシップ』Diamondハーバード・ビジネス・レビュー)

Collins, C. James. and Porras, I. Jerry. (1994) *Built to Last: Successful Habits of Visionary Companies*, Harper Business (山岡洋一訳 (1995)『ビジョナリー・カンパニー　時代を超える生存の原則』日経BPマーケティング)

Deal, T.E. and Kennedy, A.A. (1982) *Corporate Cultures*, Addison-Wesley (邦訳；城山三郎 (1997)『シンボリック・マネージャー』岩波書店)

Drucker, P. (1989) *The New Realities*, Butterworth-Heinemann Ltd (邦訳；上田惇生 (2004)『[新訳] 新しい現実政治，経済，ビジネス，社会，世界観はどう変わるか』ダイヤモンド社)

Edmondson, C. Amy (2018) *The Fearless Organization: Creating Psychological Safety in the Workplace for Learning, Innovation, and Growth*, Wiley (邦訳；野津智子 (2021)『恐れのない組織──「心理的安全性」が学習・イノベーション・成長をもたらす』英治出版)

Farnsworth, V., Kleanthous, I. and Wenger, E. (2016) *Communities of Practice as a Social Theory of Learning: a Conversation with Etienne Wenger*, British Journal of Educational Studies

Geertz, Clifford (1973) *The Interpretation of Cultures*, Basic Books Inc. (邦訳；吉田禎吾・柳川啓一・中牧弘允・板橋作美 (1987)『文化の解釈学 I』岩波書店)

Gioia, D. A., Corley, K. G. and Hamilton, A. L. (2012) *Seeking Qualitative Rigor in Inductive Research: Notes on the Gioia Methodology*, Organizational Research Methods, 16(1), 15-31

Gupta, A. K. and Govindarajan, V. (1991) *Knowledge flows and the structure of control within multinational corporations*, Academy of Management Review Vol.16, 768-792.

Gupta, A. K. and Govindarajan, V. (2000) *Knowledge flows within multinational corporations*, Strategic Management Journal Vol.21, 473-496.

Hall, E. (1976) *Beyond Culture*, Peter Smith Pub Inc. (岩田慶治・谷泰訳 (1993)『文化を超えて』TBSブリタニカ)

Hatch, J. M. and Cunliffe, L.A. (2013) *Organization Theory: Modern, Symbolic and Postmodern Perspectives*, Third Edition, Oxford University Press (邦訳；大月博司・日野健太・山口善昭 (2017)『Hatch組織論　─3つのパースペクティブ─』同文舘出版)

Hodges, C.D. (1998) *Participation as Dis-Identification With/in a Community of Practice*, Mind, Culture, and Activity, 5(4), 272-290

Jang, Sujin (2018) *The Most Creative Teams Have a Specific Type of Cultural Diversity*, Harvard Business Review

Johnson, Gerry, Langley, Ann, Melin, Leif, and Whittington, Richard (2007) *Strategy as Practice: Research Directions and Resources*, Cambridge University Press (高橋正泰監訳，宇田川元一・高井俊次・間嶋崇・歌代豊訳 (2012)『実践としての戦略　─新たなパースペクティブの展開』文眞堂)

Kono, Toyohiro and Clegg, Stewart R.（1998）*Transformations of Corporate Culture, Experiences of Japanese Enterprises*, Walter de Gruyter（邦訳；吉村典久・北居明・出口将人・松岡久美（1999）『経営戦略と企業文化　―企業文化の活性化―』白桃書房）

Kotter, J. and J.L. Heskett（1992）*Corporate Culture and Performance*, Free Press（邦訳；梅津祐良（1994）『企業文化が高業績を生む　―競争を勝ち抜く「先見のリーダーシップ」―』ダイヤモンド社）

Kotter, J.（1996）*Leading Change*, Harvard Business School Press（邦訳；梅津祐良（2002）『企業変革力』日経BP社）

Latour, Bruno（2005）*Reassembling the Social: An Introduction to Actor-Network-Theory*, Oxford University Press（伊藤嘉高訳（2019）『社会的なものを組み直す　―アクターネットワーク理論入門』法政大学出版局）

Lave, J. and Wenger, E.（1991）*Situated learning, Legitimate Peripheral Participation*, Cambridge University Press（邦訳；佐伯胖（1993）『状況に埋め込まれた学習　正統的周辺参加』産業図書）

Lave, J.（2019）*Learning and everyday life: access, participation and changing practice*, Cambridge University Press

McDermott. R.（1999）*Learning Across Teams: The Role of Communities of Practice in Team Organizations*, Knowledge Management Review, Vol.8, 32-36

Mintzberg, H., Ahlstrand, B. and Lampel, J.（2008）*Strategy Safari: Your Complete Guide Through the Wilds of Strategic Management*, 2nd ed., Pearson Education Canada（監訳；齋藤嘉則（2012）『戦略サファリ　第2版　戦略マネジメント・コンプリートガイドブック』東洋経済新報社）

Nohria, N. and Ghoshal, S.（1994）*Differentiated fit and shared values: Alternatives for managing headquarters-subsidiary relations*, Strategic Management Journal, Vol.15, 491-502.

O'ReillyⅢ, C. and Pfeffer, J.（2000）*Unlocking the Hidden Value in Organizations*, Employment Relations Today, 63-80

Ouchi, W.（1980）*Theory Z*, Addison-Wesley（監訳；徳山二郎（1982）『セオリーZ　日本に学び，日本を越える』CBSソニー出版）

Perlmutter, H. V.（1969）*The tortuous evolution of the multinational corporation*, Columbia Journal of World Business, Vol.4, 9-18

Peters, T.J. and Waterman, Jr., R.H.（1982）*In Search of Excellence*, Harper & Row, Publishers（邦訳；大前研一（1983）『エクセレント・カンパニー　超優良企業の条件』講談社）

Pisano, Gary P.（2018）*The Hard Truth About Innovation Cultures*, Harvard Business School Publishing Corporation（有賀裕子訳（2019）『創造的な組織は逆説に満ちている』Diamondハーバード・ビジネス・レビュー）

Schein, E. H.（1985）*Organizational Culture and Leadership*, Jossey-Bass（邦訳；清水紀彦・浜田幸雄（1989）『組織文化とリーダーシップ　―リーダーは文化をどう変革するか―』ダイヤモンド社）

Schein, E. H.（2004）*The Corporate Culture Survival Guide*, Jossey-Bass（金井壽宏監訳，尾川丈一・片山佳代子訳（2004）『企業文化 生き残りの指針』白桃書房）

Schein, E. H.（2009）*The Corporate Culture Survival Guide: New and Revised Edition*, Jossey-Bass（尾川丈一監訳・松本美央訳（2016）『企業文化［改訂版］ダイバーシティと文化の仕組み』白桃書房）

Senge, P.（2006）*The Fifth Discipline: The Art & Practice of the Learning Organization*, Random House Business（邦訳；枝廣淳子・小田理一郎・中小路佳代子（2011）『学習する組織　システム思考で未来を創造する』英治出版）

Suchman, A. Lucy（1987）*Plans and Situated Actions: The Problem of Human-Machine Communication,* Cambridge University Press（監訳；佐伯胖, 訳；上野直樹・水川喜文・鈴木栄幸（1999）『プランと状況的行為―人間‐機械コミュニケーションの可能性』産業図書）

Wenger, E.（1990）*Toward a theory of cultural transparency: elements of a social discourse of the visible and the invisible*, Doctoral dissertation, University of California, Irvine.

Wenger, E.（1998）*Communities of Practice: Learning, Meaning, and Identity,* Cambridge University Press

Wenger, E. and Snyder, W.（2000）*Communities of Practice: The Organizational Frontier*, Harvard Business Review

Wenger, E., McDermott, R., and Snyder, W.（2002）*Cultivating Communities of Practice*, Harvard Business School Press（邦訳；櫻井祐子（2002）『コミュニティ・オブ・プラクティス～ナレッジ社会の新たな知識形態の実践』翔泳社）

Yin, R.K.（1994）*Case Study Research: Design and Methods*, 2nd ed., SAGE Publications, Inc.（邦訳；近藤公彦（1996）『ケース・スタディの方法　第2版』千倉書房）

## 3．ウェブサイト

スワニー　公式企業サイト
　　https://www.swany.co.jp/（2021年8月29日アクセス）

天彦産業　公式企業サイト
　　https://www.tenhiko.co.jp/（2023年7月12日アクセス）

# 索　引

［著者紹介］

**相原君俊**（あいはら　きみとし）
法政大学大学院中小企業研究所特任研究員
博士（政策学）
千葉大学法経学部経済学科卒業後，JETRO（日本貿易振興会，現日本貿易振興機構）
に入会し，現在に至る。法政大学大学院政策創造研究科博士後期課程修了。
専門は，中小企業経営論，経営組織論。
主著：「フラット型組織における実践コミュニティの有効性に関する一考察　─文化
　　　的透明性獲得の視点から─」『経営教育研究』第24巻，第2号，pp.31-41，2021年。
　　　「実践コミュニティにおける二重編み組織に関する一考察　─地方の農家グ
　　　ループの事例を対象に─」『経営哲学』第19巻，第1号，pp.49-60，2022年。
　　　「中小企業における海外子会社への組織文化移転に関する一考察　─グローバ
　　　ル人材不足を補完する組織マネジメント─」『イノベーション・マネジメント』
　　　第20巻，pp.135-148，2023年。

## 組織文化形成メカニズム

―中小企業における実践コミュニティの貢献

2025年1月30日　第1版第1刷発行

| | |
|---|---|
| 著　者 | 相　原　君　俊 |
| 発行者 | 山　本　　　継 |
| 発行所 | ㈱中央経済社 |
| 発売元 | ㈱中央経済グループ<br>パブリッシング |

〒101-0051　東京都千代田区神田神保町1-35
電話　03 (3293) 3371 (編集代表)
　　　03 (3293) 3381 (営業代表)
https://www.chuokeizai.co.jp
印刷／三英グラフィック・アーツ㈱
製本／誠　製　本　㈱

© 2025
Printed in Japan